中国·郑州考古（十七）

剪纸上的郑州

顾万发　主编
郑州市文物考古研究院　编

科学出版社
北京

图书在版编目（CIP）数据

剪纸上的郑州 / 顾万发主编；郑州市文物考古研究院编. —北京：科学出版社，2016. 4

ISBN 978-7-03-048015-6

Ⅰ. ①剪… Ⅱ. ①顾… ②郑… Ⅲ. ①文化史－郑州市－图集 Ⅳ. ①K296. 11-64

中国版本图书馆CIP数据核字（2016）第069705号

责任编辑：张亚娜 / 责任校对：张凤琴

责任印制：肖 兴 / 书籍设计：北京美光设计制版有限公司

科学出版社 出版

北京东黄城根北街16号

邮政编码：100717

http://www.sciencep.com

文物出版社印刷厂 印刷

科学出版社发行 各地新华书店经销

*

2016年4月第 一 版 开本：787×1092 1/12

2016年4月第一次印刷 印张：32 3/4 插页：1

字数：830 000

定价：500.00元

（如有印装质量问题，我社负责调换）

高佃亮近照

〖 高佃亮简介 〗

高佃亮，中国著名剪纸艺术家。自幼受家庭剪纸艺术环境的熏陶，六岁即步入剪纸艺苑，受多家名师指教，以数十年磨一剑的苦心，深入研究中国传统绘画、戏曲、民间年画、皮影、木雕、泥塑、民族服饰、传统饰品、宗教艺术等，从中汲取精华，融入到剪纸艺术之中。他的作品刻其形、染其意、表其神、现其韵，手法多变，精雕细刻，色彩斑斓，妙趣横生，逐渐形成了自身独特的艺术风格。专家对其作品评价为“神走刀锋，色入物魂”，“花草暗香浮动，人物栩栩如生”，“画中有诗，神韵逼人”，“是会说话的剪纸”。一位国外收藏家赞叹：“从高佃亮先生的剪纸作品中，透出了中国几千年文化进程的脚印，是他将已有千百年历史的蔚县剪纸艺术，推上了更高一级的平台。”

高佃亮是联合国教科文组织授予的“民间工艺美术家”，河北省首批非物质文化遗产（蔚县剪纸）代表性传承人，河北省首届一级工艺美术大师。任中国民间文艺家协会剪纸艺术委员会副主任。2014 年被河北省人民政府授予突出贡献技师荣誉称号，2015 年被省委宣传部审定为第二批燕赵文化英才工程文艺类人才，被省文联授予省中青年德艺双馨文艺工作者称号。同年 7 月，在国务院副总理刘延东调研蔚县文化产业期间，受到其高度赞扬。

1990 年，他的力作《八子图》就被外交部礼宾司作为国礼馈赠外宾。其创作的剪纸精品，多次在全国性剪纸艺术节赛会展上摘金夺银，或被国家级博物馆收藏。其中，《清明上河图》长卷获得上海民族民间艺术博览会金奖；《水浒英雄谱》长卷获得首届中国剪纸艺术节金奖，并入围参评全国民间文艺最高奖——山花奖；《蔚县剪纸史卷》、《二十四孝图》，分获第二、三届中国剪纸艺术节金、银奖，并先后被中国剪纸文化博物馆收藏；巨幅剪纸《奥运颂》，被中国体育博物馆永久性收藏；历任国际奥委会主席剪纸肖像，在 2008 年北京奥林匹克博览会展出并被北京奥组委收藏；2015 年，他作为中国剪纸界唯一代表，参加申冬奥“中马民间文化交流”活动，在他的 20 幅作品中，现任国际奥林匹克委员会主席托马斯·巴赫的剪纸人物肖像被巴赫亲自收藏。作品《世纪之约》在第五届中国剪纸艺术节暨“剪彩冰雪，热盼冬奥”全国剪纸艺术精品评选中，荣获特等奖。

高佃亮精湛的剪纸技艺和厚重的文化影响，得到各界媒体的广泛关注和积极交流。中央电视台《中国风》栏目专题报道了他的剪纸艺术；七套《致富经》栏目，以蔚县剪纸产业发展和高佃亮从艺生涯为主线，制作播出了新春贺岁专题《剪出幸福生活来》；央视十套《探索》栏目为其编播《神奇的蔚县剪纸》专题；他作为特邀评委参加《星光大道》栏目，作为艺术品投资者应邀参加财经频道的《一槌定音》栏目。

高佃亮先后被聘为燕山大学艺术学院兼职教授，河北大学国际交流与教育学院客座教授，河北大学文化创意产业研究中心教授，中国研究员管理科学院剪纸艺术研究员。他编著的《蔚县剪纸的创新与发展》是蔚县剪纸艺人凝聚剪纸理论与自身实践的第一书，被列入中国“保护民族民间文化珍贵遗产之五”。

〖前言〗

郑州是中华文明的核心发祥地，有着悠久的历史和博大精深的文化。纵观五千年中华文明历程，郑州文化呈现出明显的根源性、传承性、厚重性和亲和性特质。

这里的黄河文化、都城文化、禅学文化、功夫文化、易理文化、瓷器文化、青铜文化……

这里的中华第一城(西山仰韶文化城),这里的华夏第一都(登封王城岗),这里的中国丝绸之源(荥阳青台),这里的唐青花故乡(巩义黄冶窑)，这里的舍利佛地(新密超化寺)，这里的禅宗祖庭(巩义慈云寺)……

华美、繁盛而富蕴哲思，令人赞叹、赞叹，依然是赞叹!

但是郑州这些丰富美好的文化遗产资源，公众传播度不够，社会认知度也尚待进一步提高，与郑州经济迅速蓬勃发展的宏伟格局和逐渐凸显的国际地位明显不完全地相映衬。我们知道，任何一个城市坐标的确立和可持续发展，如果没有文化的支撑，那几乎是不可能的。国内外城市发展史也无可争议地证明，一个没有文化的城市，更不会拥有的宜居性、亲和力和最为打动人心灵的人文气息!

鉴于此，在市政府的大力支持下，在市主管部门和各位领导的全力关心下，我们组织了各方面专家，调集各方面浩瀚素材，经过认真的研究，从郑州文化遗产及非物质文化遗产中，精心挑选了具有重要性、代表性和艺术性的365个素材，聘请广受艺术界关注的剪纸名家“中国剪纸第一村”河北蔚县的高佃亮工艺美术大师，以保持文物的原貌为基本准则，以展示传统艺术技法和魅力为本质要求，来表现各时期代表性文物和非物质文化遗产的风采和光华。

本书以时代、类别进行编排，分17个部分来展示悠久的郑州文化，分别为：旧石器时代、新石器时代、新砦期文化、二里头文化、商时期、西周时期、春秋战国时期、秦汉时期、魏晋南北朝时期、隋唐时期、宋元时期、明清时期、郑州历史名人、郑州历史景观、郑州风景名胜、当代郑州掠影、非物质文化遗产。收录内容包括距今约10万年的荥阳织机洞遗址出土的石器，距今10000年至8600年的李家沟遗址出土的李家沟文化夹粗砂陶片；距今约8000年的裴李岗文化石磨盘、石镰、三足钵，距今5000多年仰韶时期的大河村遗址出土的双连壶、尖底瓶及其他众多彩陶器，距今5000~4000年龙山时期的古城寨遗址出土的陶盘、点军台遗址陶鬶及其他遗物，花地嘴遗址出土的朱砂绘陶瓮及新砦遗址众多代表性陶器，“禹都阳城”王城岗遗址出土的陶鼎，夏代大师姑城址出土的陶器，商代“汤始居亳”的郑州商城出土的青铜礼器、卜骨刻辞、陶器和黄金金箔面具，望京楼遗址的青铜钺、玉刀和陶器，小双桥遗址的青铜建筑构件、朱书文字，西周时期洼刘遗址的青铜器、娘娘寨遗址的陶器和玉器，春秋战国时期郑韩故城的莲鹤铜方壶、铜编钟和铜鼎，登封袁窑贵族墓地的铜甗、金虎饰，秦汉之际刘邦与项羽对垒相持的汉霸二王城的铜戈、铜矛，登封汉三阙及众多造型优美的画像砖，北魏时期巩义皇家石窟寺帝后礼佛图石刻、登封嵩岳寺塔，隋唐时期的登封大唐碑、唐塔、荥阳大海寺菩萨造像、目前我国保存最完整的唐青花塔形罐、唐三彩珍器，宋元时期的巩义宋陵石刻、荥阳千尺塔、中牟寿圣寺双塔、中岳庙守库铁人及元代造型精美的瓷器，明清时期的康百万庄园、瓷器精品，郑州近现代时期发展过程中的历史事件、优秀建筑以及郑州历史名人和非物质文化遗产，还包括郑州重要的当代文化遗产，等等。

以剪纸艺术完整勾勒一个城市的人文脉络，在中国剪纸艺术史上是没有过的一项浩伟工程。其牵涉到各种介质和构图形式，尤其是陶器、石器、青铜器、瓷器等各类文物非常复杂奇特的造型和随机性的纹饰，有时是很难以剪纸艺术来表现的，特别是同时既要遵循文物真实性又要体现艺术唯美性的要求，这些对剪纸艺人来讲是相当具有挑战性的。好在工艺美术大师高佃亮先生酷爱创新，艺术水平相当精湛，又正值其艺术人生的高峰期，原本我们都认为不可能表现出来的文物真实性视觉效果和艺术特征，经过他的勤奋和努力，刀、剪下的文物和相关场景竟然栩栩如生，令人惊艳称绝！

当然由于我们对于素材研究的水平和时间的限制，可能还有更能代表郑州的文化题材未能选出，选出的对象制作的可能也还有不足，好在艺术本身就是随形遗憾的，只待时间，更攀岑岭！

顾万发

2015年12月

〖目录〗

旧石器时代

河南第一洞——织机洞遗址

旧石器时代

位于荥阳市崔庙镇王宗店村北

织机洞遗址是一处古人类居住的洞穴遗址，距今10万至2万年间，文化层堆积达24米以上，从洞穴内发现的用火遗迹达17处，在旧石器时代中晚期的堆积中，出土的石制品有2万余件，脊椎动物化石有1万多件。被考古界誉为“河南第一洞”。

〖刮削器〗

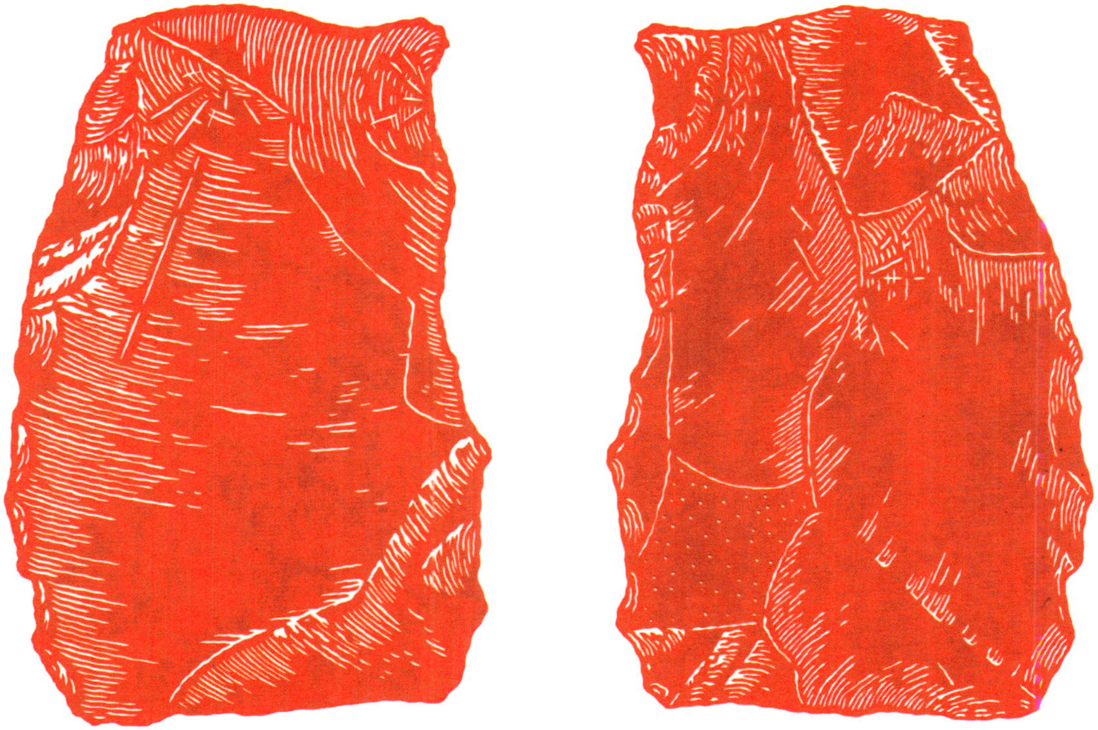

旧石器时代
荥阳市织机洞遗址出土

〖尖状器〗

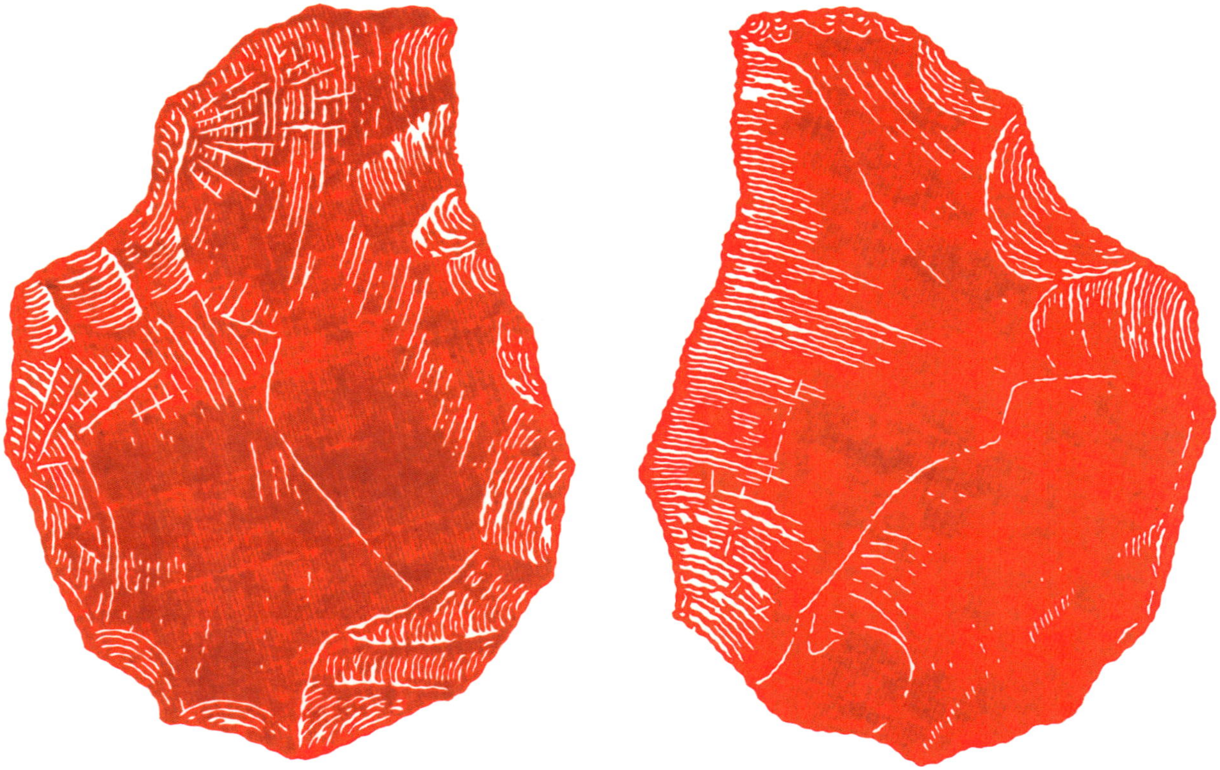

旧石器时代

荥阳市织机洞遗址出土

〔尖状器〕

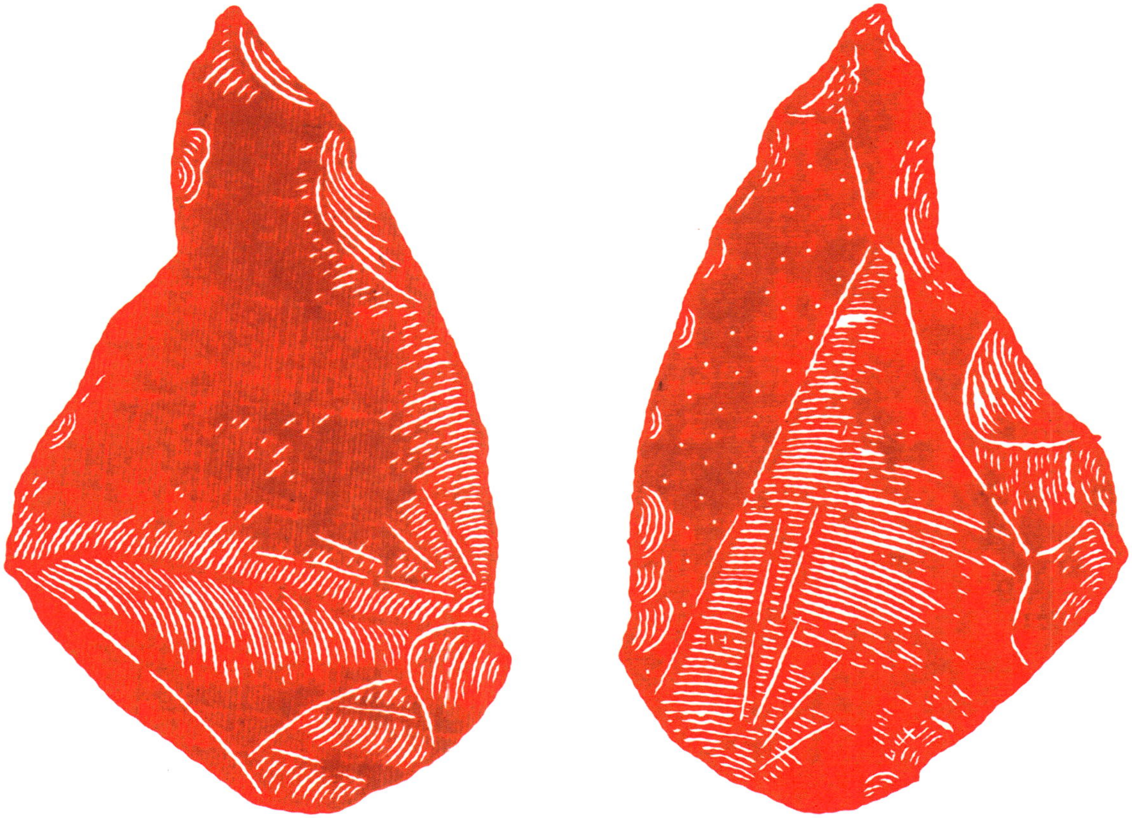

旧石器时代
荥阳市织机洞遗址出土

〔砍砸器〕

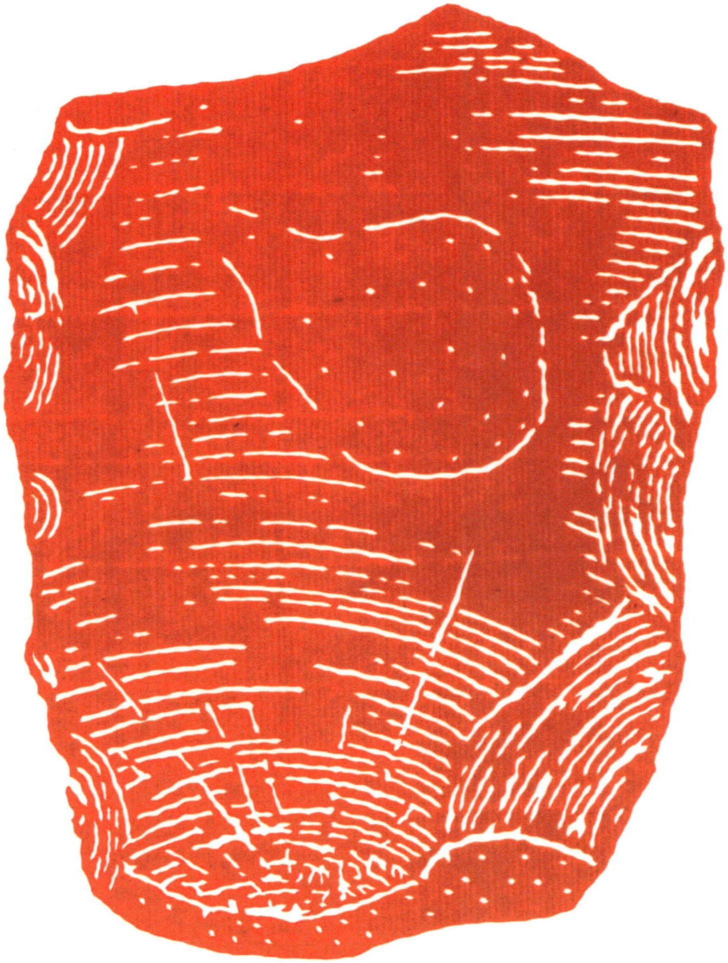

旧石器时代

荥阳市织机洞遗址出土

新石器时代

〖 陶罐口沿残片 〗

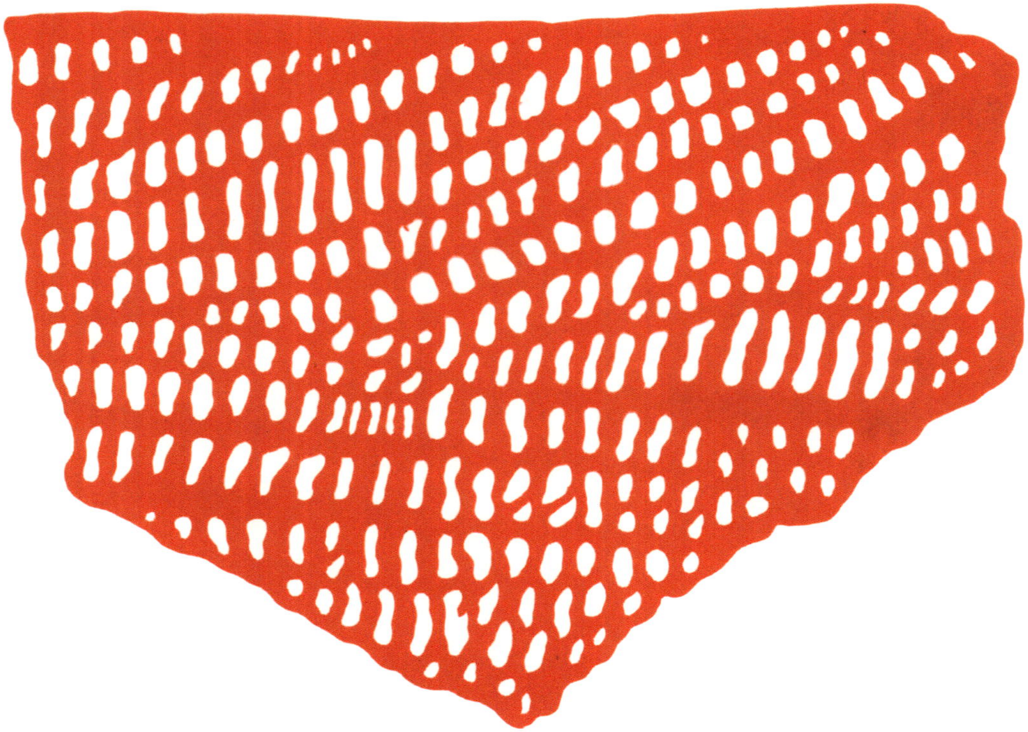

李家沟文化

新密市李家沟遗址出土

〖陶鼎〗

裴李岗文化
新郑市裴李岗遗址出土

〖红陶壶〗

裴李岗文化
新郑市裴李岗遗址出土

〔红陶壶〕

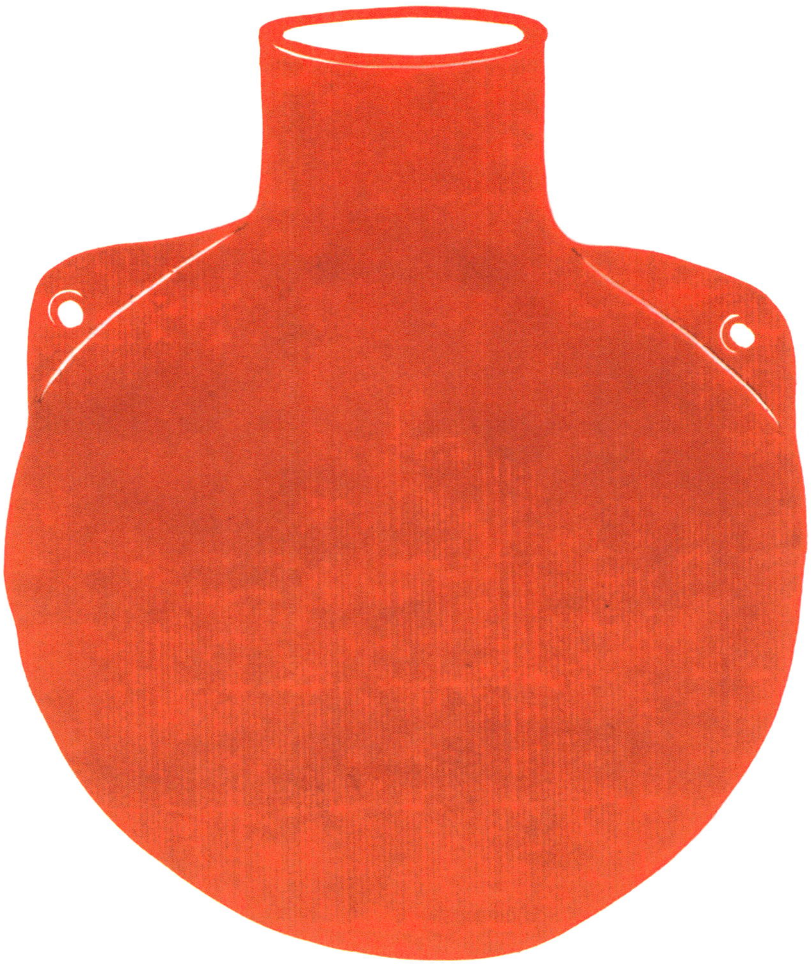

裴李岗文化
新密市莪沟遗址出土

〖陶圈足钵〗

裴李岗文化
新郑市唐户遗址出土

〖陶三足钵〗

裴李岗文化
巩义市瓦窑嘴遗址出土

〖陶碗〗

裴李岗文化
巩义市瓦窑嘴遗址出土

〖石磨盘、石磨棒〗

裴李岗文化
新郑市裴李岗遗址出土

〖锯齿石镰〗

裴李岗文化
新郑市裴李岗遗址出土

〖中华第一城——西山古城〗

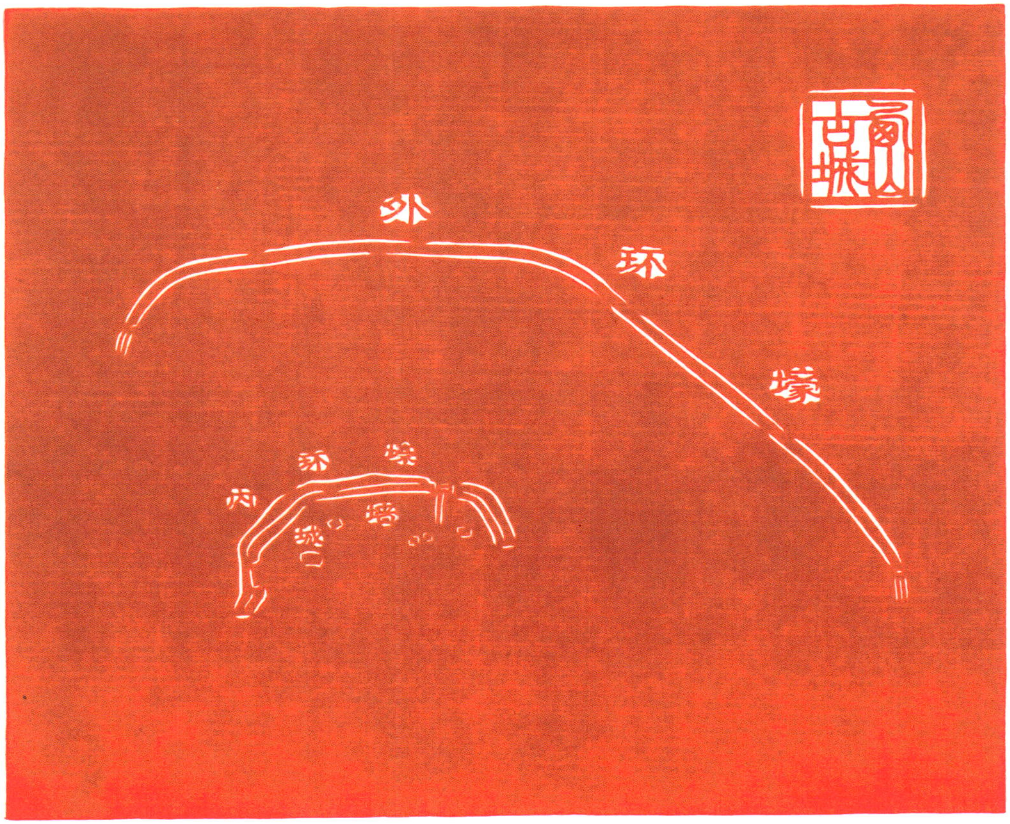

仰韶文化

位于郑州市古荥镇

西山古城是迄今中原地区最早的史前城址，也是当时国内发现年代最早、建筑技术最为先进的早期城址。它开启了后代大规模城垣建筑规制的先河，其建筑方法、形制结构无疑对中国古代城址的建筑产生了深远的影响，显示了巨大的进步和创造力。遗址时代跨越了仰韶文化中、晚时期，是豫中地区为数不多的经大规模科学考古发掘的新石器时代遗址之一。

【彩陶钵】

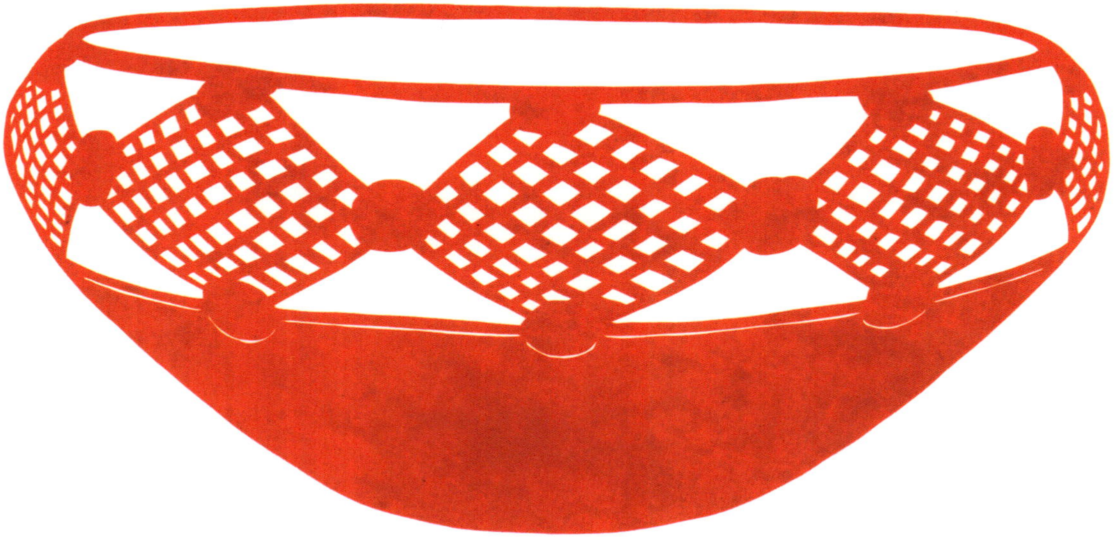

仰韶文化
郑州市西山遗址出土

〖陶鼎〗

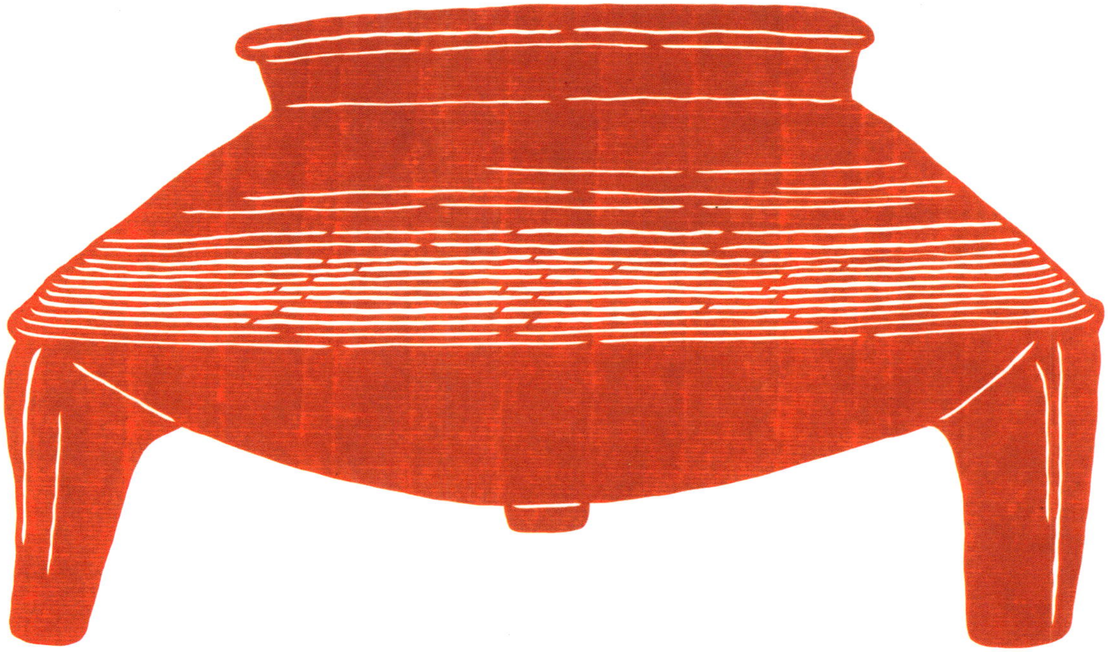

仰韶文化
郑州市西山遗址出土

〔彩陶盆〕

仰韶文化
郑州市大河村遗址出土

〖白衣彩陶钵〗

仰韶文化
郑州市大河村遗址出土

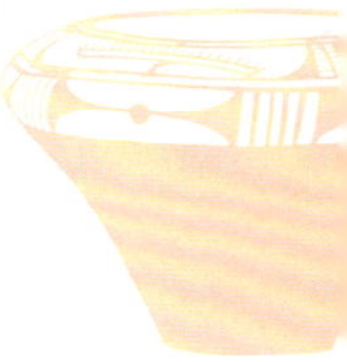

〖彩陶钵〗

仰韶文化
郑州市大河村遗址出土

【彩陶壶】

仰韶文化
郑州市大河村遗址出土

〖彩陶双连壶〗

仰韶文化
郑州市大河村遗址出土

【彩陶罐】

仰韶文化
郑州市大河村遗址出土

〖陶鼎〗

仰韶文化
郑州市大河村遗址出土

〖彩陶钵〗

仰韶文化

荥阳市青台遗址出土

〖彩陶钵〗

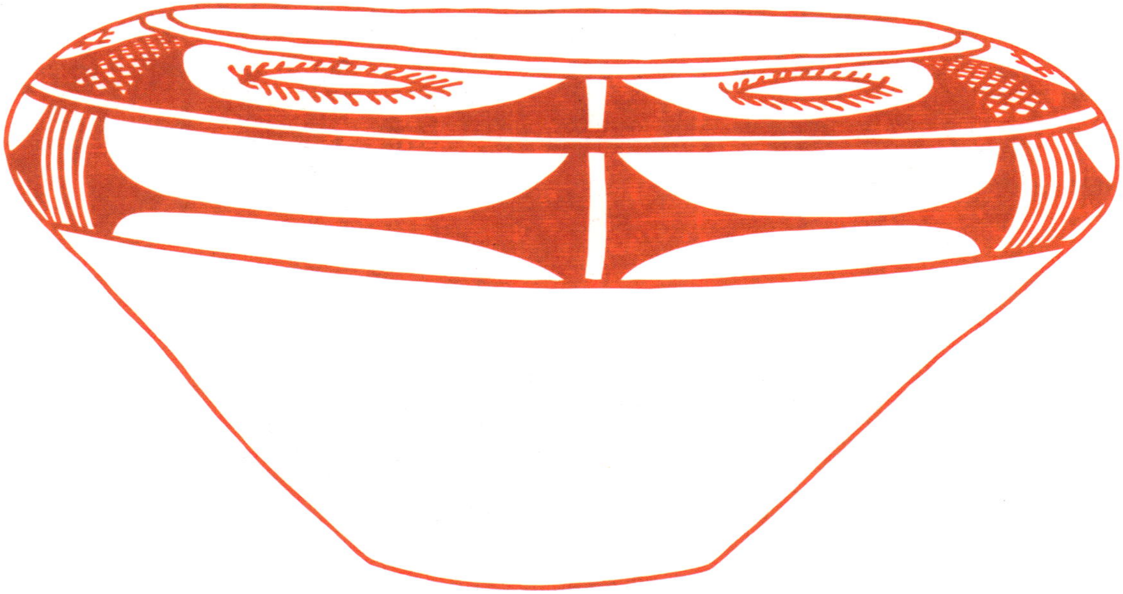

仰韶文化
荥阳市青台遗址出土

〖最原始的烙饼工具——陶鏊〗

仰韶文化
荥阳市青台遗址出土

【陶鼎】

仰韶文化
荥阳市青台遗址出土

〖红陶尖底瓶〗

仰韶文化
郑州市青台遗址出土

〖 丝织品残片 〗

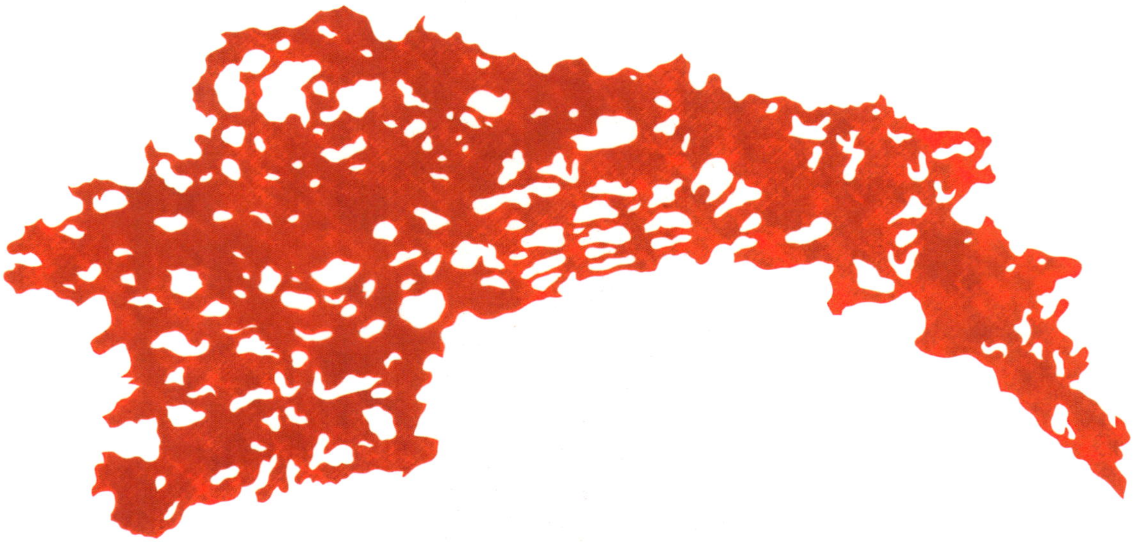

仰韶文化

荥阳市青台遗址出土

1984 年，青台遗址发掘出土的丝织品是一块浅绛色的罗织物。距今已有 5600 多年的历史，是迄今为止发现最早的带有色泽的丝织物。

〔 彩陶钵 〕

仰韶文化
郑州市后庄王遗址出土

〖彩陶盆〗

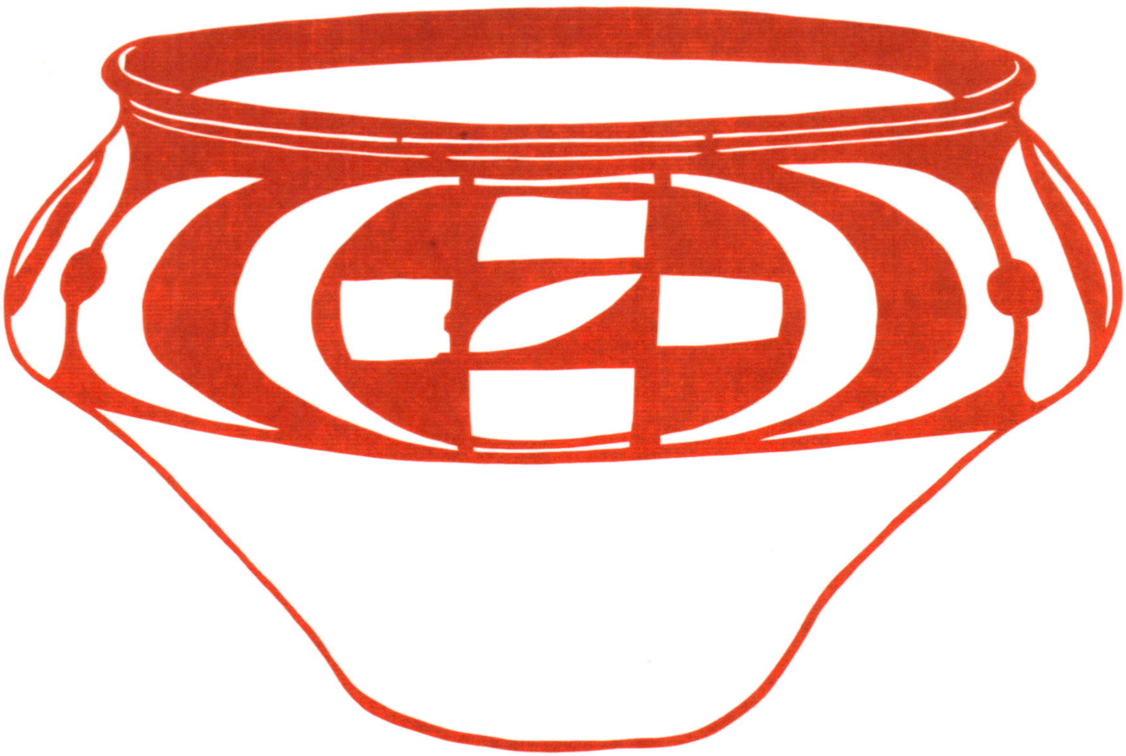

仰韶文化
郑州市白庄遗址出土

彩陶盆

仰韶文化
郑州市点军台遗址出土

〖红陶尖底瓶〗

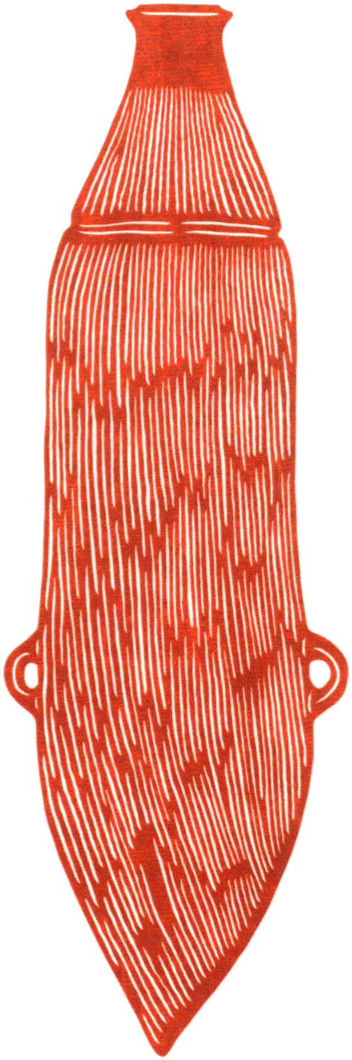

仰韶文化
郑州市胜岗遗址出土

创世王都——王城岗古城

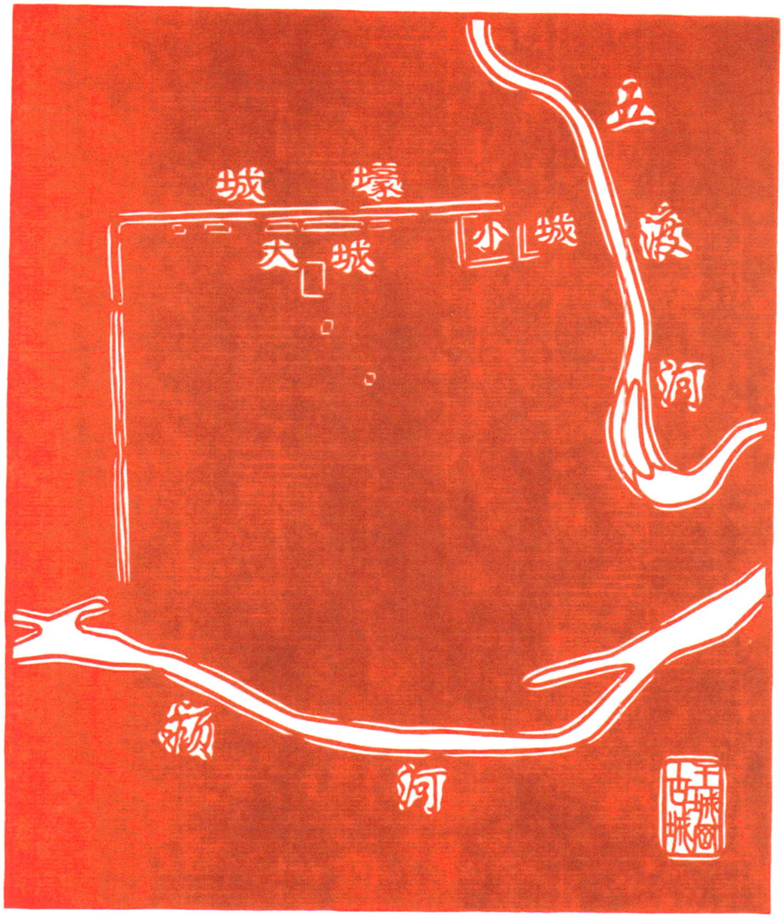

龙山文化
位于登封市告成镇

王城岗遗址是一处以龙山文化中晚期遗存为主并兼有新石器时代最早期裴李岗文化和二里头文化与商周文化的遗址。遗址最先发现的城垣建筑是遗址东北边缘的两座小型城堡。两座小城东西并列，西城保存较好，面积不足 1 万平方米，东城大部分被河流冲毁。后又发现了面积超过 30 万平方米的大型城址，确认大城是在小城废毁后建成的。大城城墙外有壕沟，城圈基本上圈围起了龙山时代的整个遗址。王城岗古城的地望与文献记载中的“禹居阳城”相符。该城址对探索夏文化有极其重要的价值。

〖陶鼎〗

龙山文化
登封市王城岗遗址出土

〖陶高领瓮〗

龙山文化

郑州市马庄遗址出土

陶圈足盘

龙山文化
新密市古城寨遗址出土

〖陶鬶〗

龙山文化
荥阳市点军台遗址出土

〖陶单耳杯〗

龙山文化
新密市新砦遗址出土

新砦期文化

〖朱砂彩绘太阳幻日神祖像陶瓮〗

新砦期

巩义市花地嘴遗址出土

〖朱砂彩绘太阳幻日神祖像陶瓮〗

新砦期

巩义市花地嘴遗址出土

【陶鼎】

新砦期
巩义市花地嘴遗址出土

〖陶斝〗

新砦期

巩义市花地嘴遗址出土

〖陶盉〗

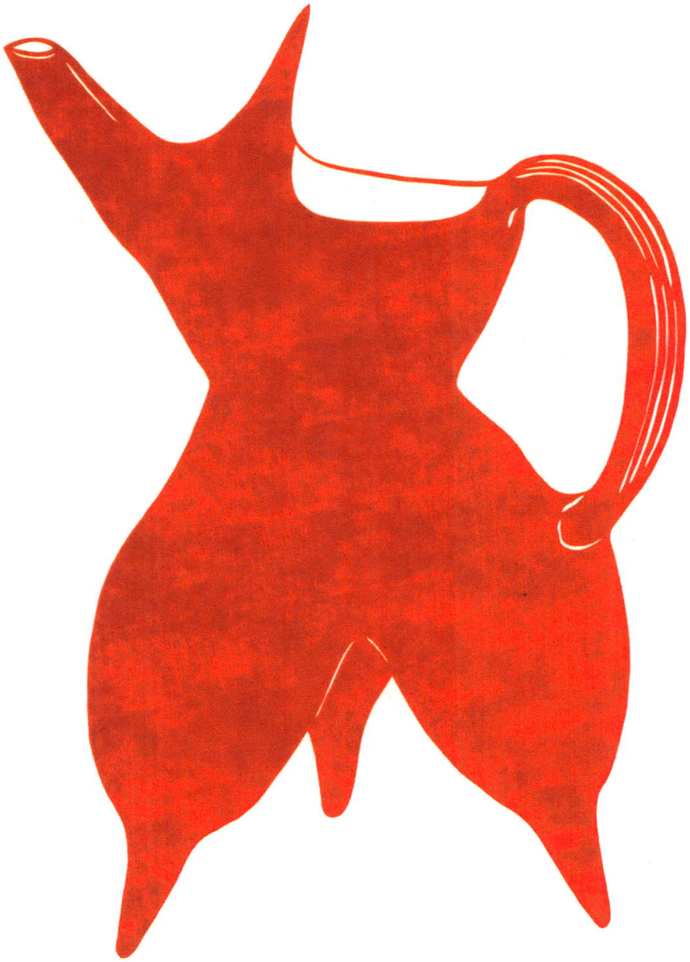

新砦期

巩义市花地嘴遗址出土

〖 陶器盖 〗

新砦期
巩义市花地嘴遗址出土

〖陶折腹盆〗

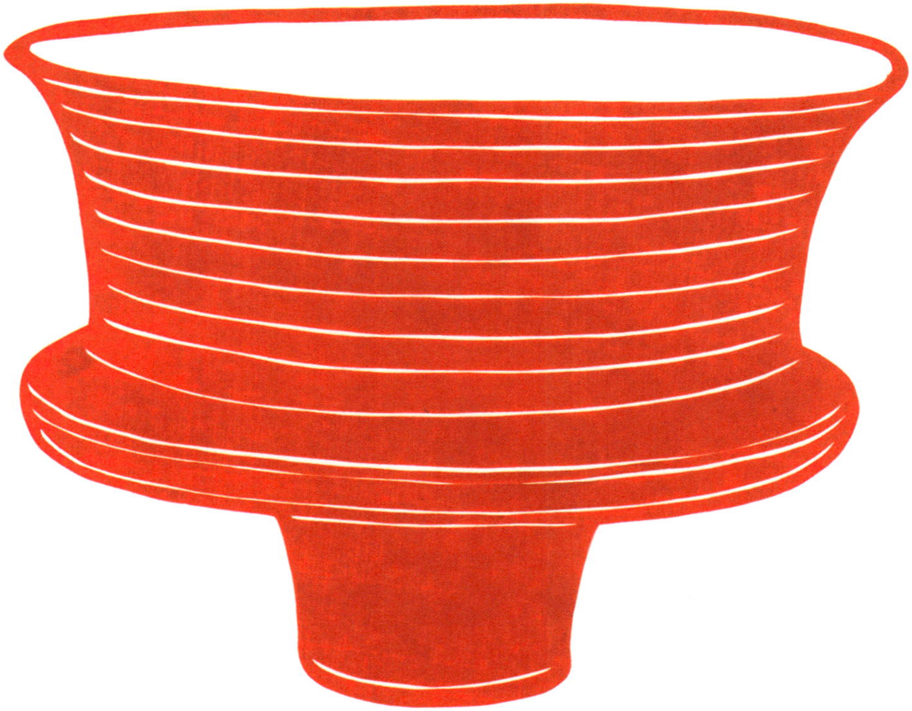

新砦期

巩义市花地嘴遗址出土

〖陶甗〗

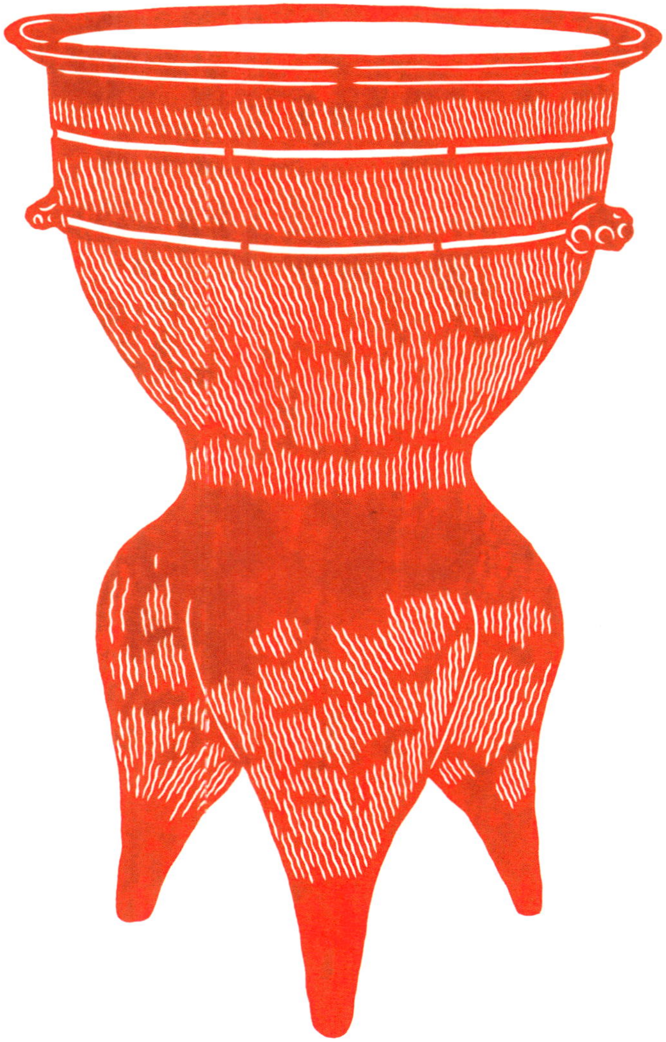

新砦期

巩义市花地嘴遗址出土

〖玉钺〗

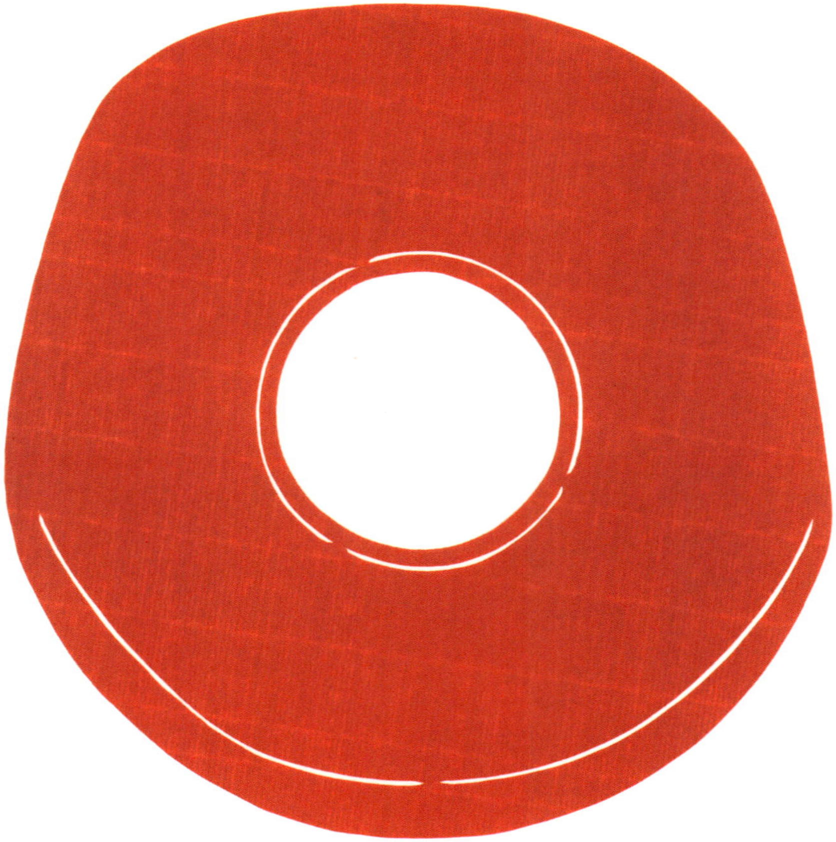

新砦期

巩义市花地嘴遗址出土

〖“玉璋”〗

新砦期

巩义市花地嘴遗址出土

〖双耳陶罐〗

新砦期

新密市新砦遗址出土

〔 陶鼎 〕

新砦期
新密市新砦遗址出土

〖陶瓮〗

新砦期

新密市新砦遗址出土

〖与封豨氏神话有关的猪头形太阳神陶器盖〗

新砦期
新密市新砦遗址出土

〖 夔龙纹陶片 〗

新砦期

新密市新砦遗址出土

〖陶器盖太阳神系纹饰复原图〗

新砦期

新密市新砦遗址出土

二里头文化

〖白陶鬶〗

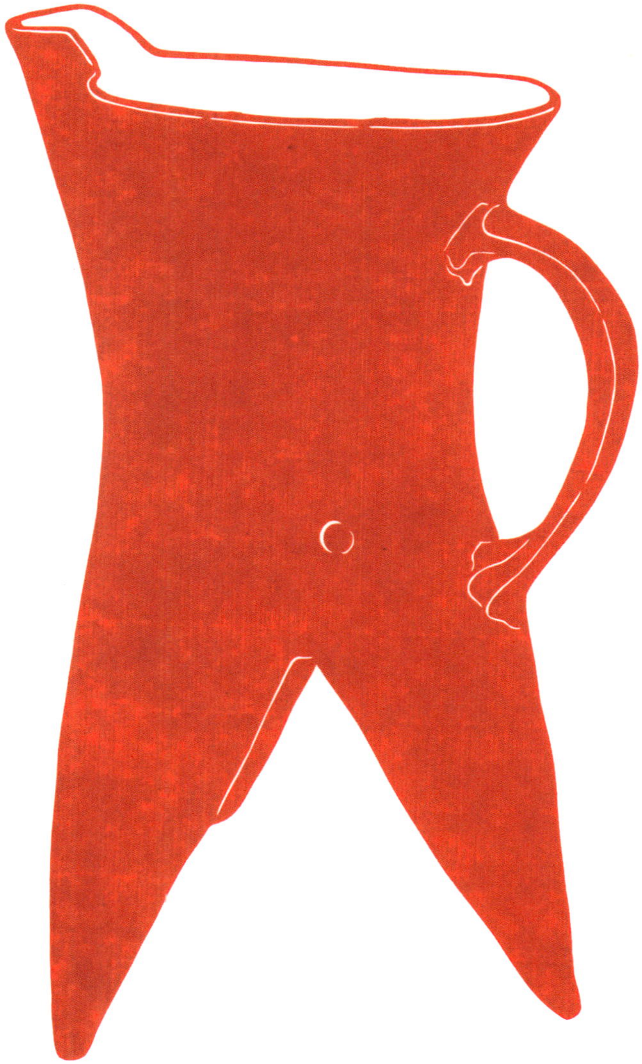

二里头文化
登封市南洼遗址出土

【陶鼎】

二里头文化
新郑市望京楼遗址出土

〖陶大口尊〗

二里头文化
荥阳市大师姑遗址出土

〔 陶罐 〕

二里头文化
荥阳市大师姑遗址出土

〖陶器盖〗

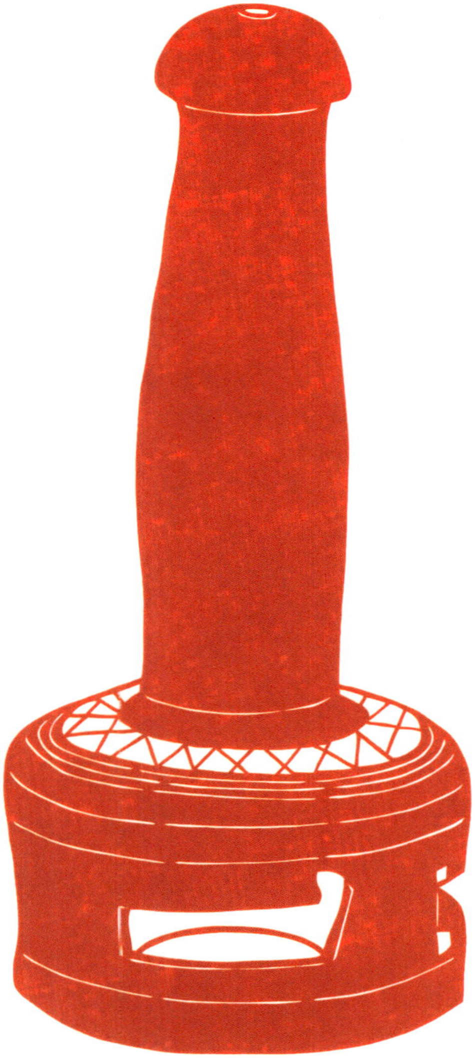

二里头文化

荥阳市大师姑遗址出土

〖陶尊〗

二里头文化
荥阳市大师姑遗址出土

〖陶鼎〗

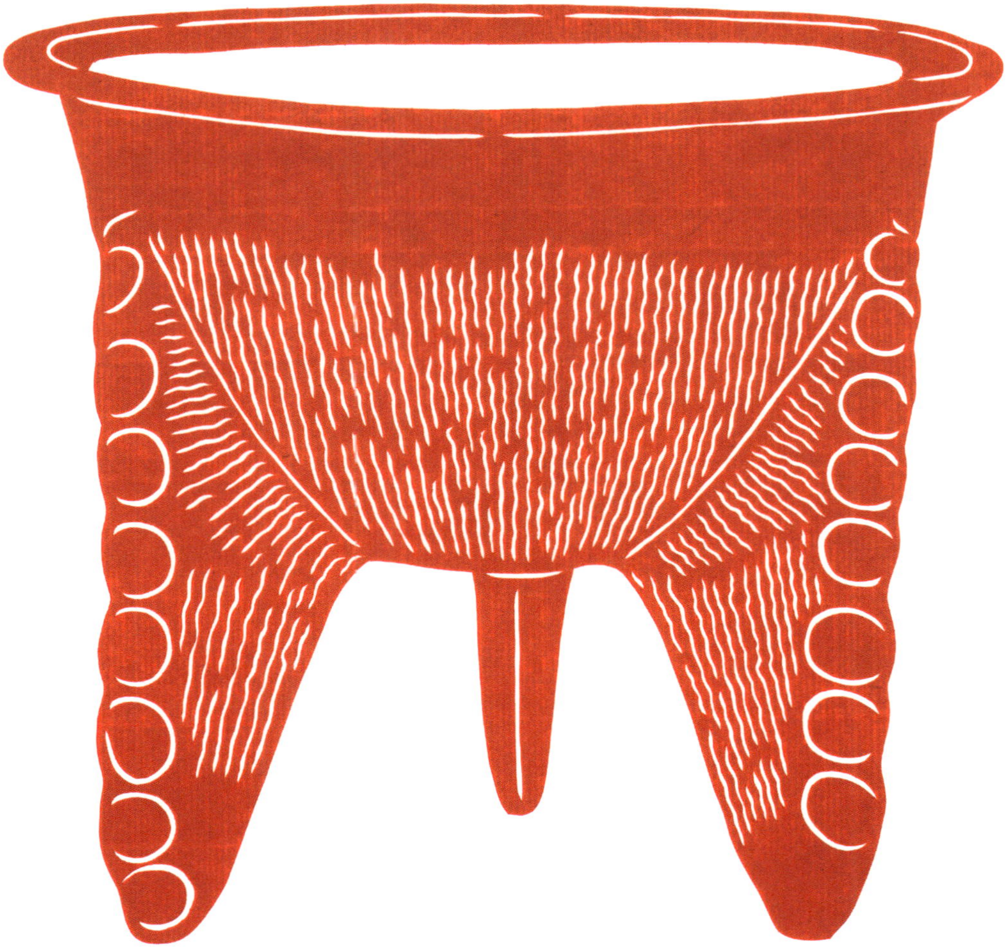

二里头文化
郑州市常庄遗址出土

商时期

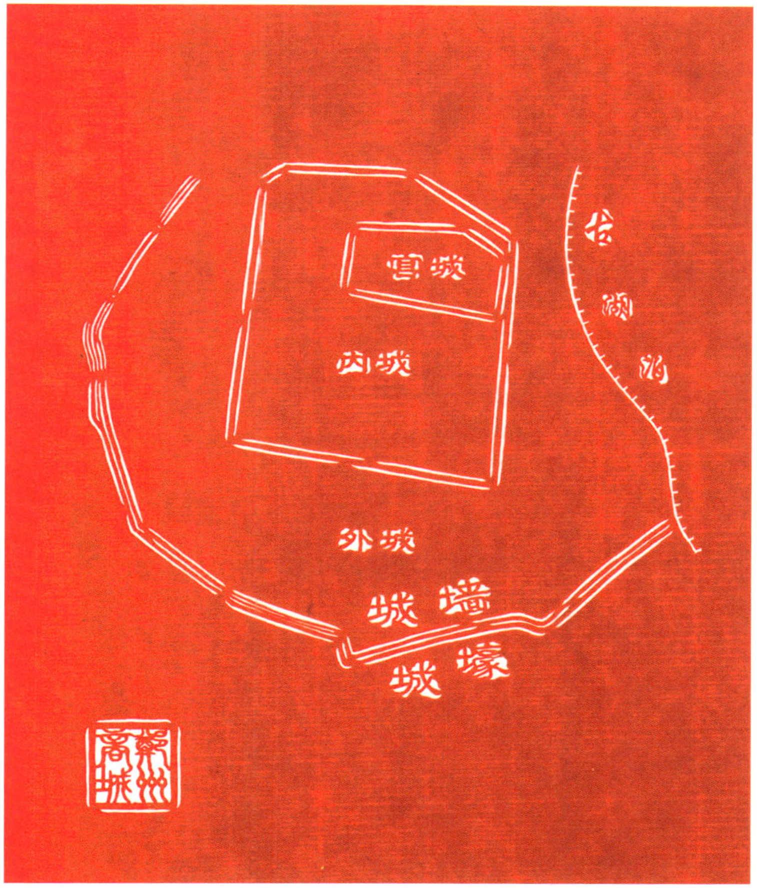

商

位于郑州市管城区一带

郑州商城是商代早期的都城遗址，距今约 3600 年，面积达 25 平方千米。是“汤始居亳”的亳都。

〖饕餮乳钉纹铜方鼎〗

商
郑州市张寨南街出土

云雷纹扁足铜鼎

商

郑州市向阳回族食品厂出土

饕餮纹铜鼎

商

郑州市向阳回族食品厂出土

〖 牛首饕餮纹铜尊 〗

商

郑州市北二七路出土

〖 陶鬲 〗

商

郑州市商代遗址出土

〖陶鬲〗

商

郑州市商代遗址出土

〖 陶甗 〗

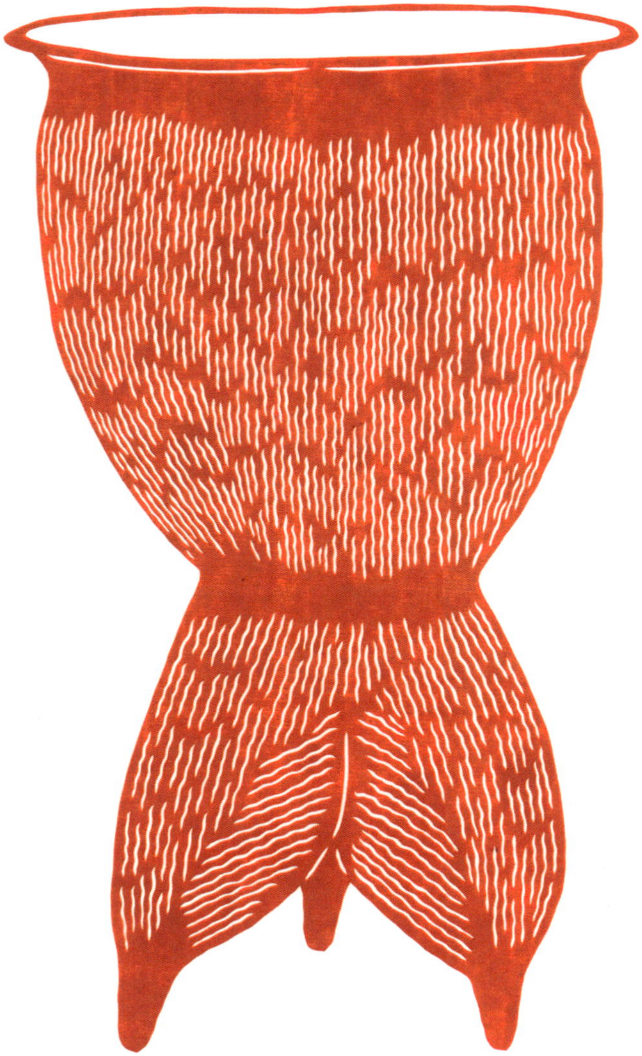

商

郑州商代遗址出土

〖原始瓷尊〗

商

郑州商代遗址出土

〖虎“噬”蹲踞式神巫图案陶簋残片〗

商

郑州商代遗址出土

〖金箔面具〗

商

郑州商代遗址出土

〖带扉棱玉钺〗

商

郑州市人民公园遗址出土

〖 牛骨刻辞 〗

商

郑州市二里冈遗址出土

〖陶鬲〗

商

郑州市小双桥遗址出土

〖饕餮太阳神及驭龙虎“蹲踞式”神巫纹饰铜构件〗

商

郑州市小双桥遗址出土

〖饕餮太阳神及驭龙虎“蹲踞式”神巫纹饰铜构件展开图〗

商

郑州市小双桥遗址出土

〖朱书“蹲踞式”神人形陶文〗

商

郑州市小双桥遗址出土

小双桥朱书文字主要发现于小型陶缸表面，也有位于大型缸口沿、腹壁者，系用朱砂书写，其形状、结构与甲骨文一脉相承，是迄今发现的商代最早的书写文字。出土文字数量较多、字形与甲骨文高度相似等特征说明商代中期应该已经有了成熟的文字系统，目前看来郑州是中国汉字发现最早成体系的城市。

〖 青铜钺 〗

商

新郑市望京楼遗址出土

〖铜柄玉戈〗

商

新郑市望京楼遗址出土

〖青铜戈〗

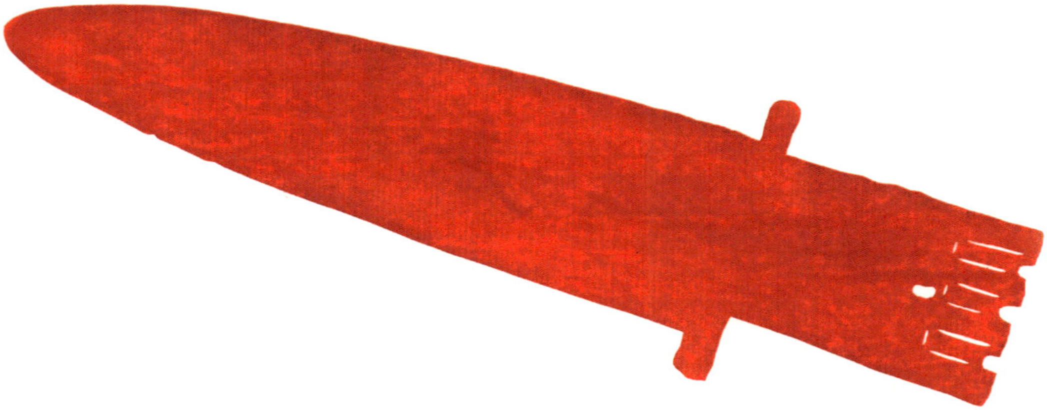

商

新郑市望京楼遗址出土

〔陶杯〕

商

新郑市望京楼遗址出土

【陶豆】

商

新郑市望京楼遗址出土

该豆之“十”形与太阳有关，“五”字为天中之数，因此，两者是相称的。同时豆与礼高度相关，有了这些符号，则更表明其与神圣相关。

〖陶鬲〗

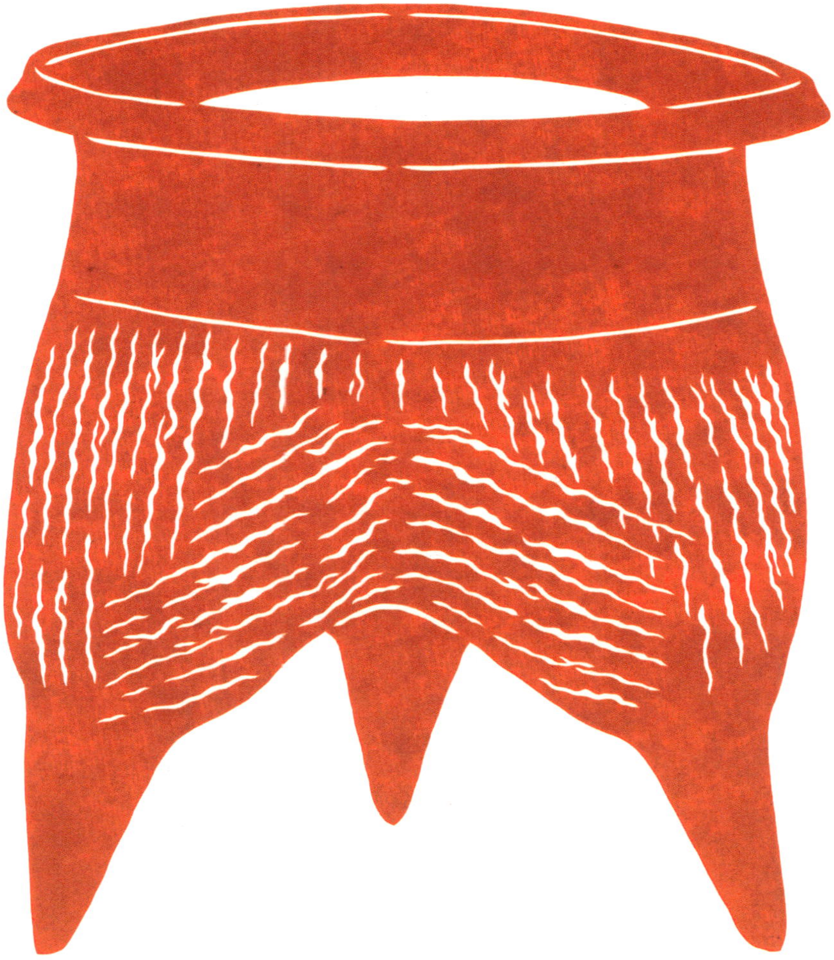

商

荥阳市大师姑遗址出土

〖饕餮太阳光气涡纹铜斝〗

商
郑州市出土

〖人字纹铜鬲〗

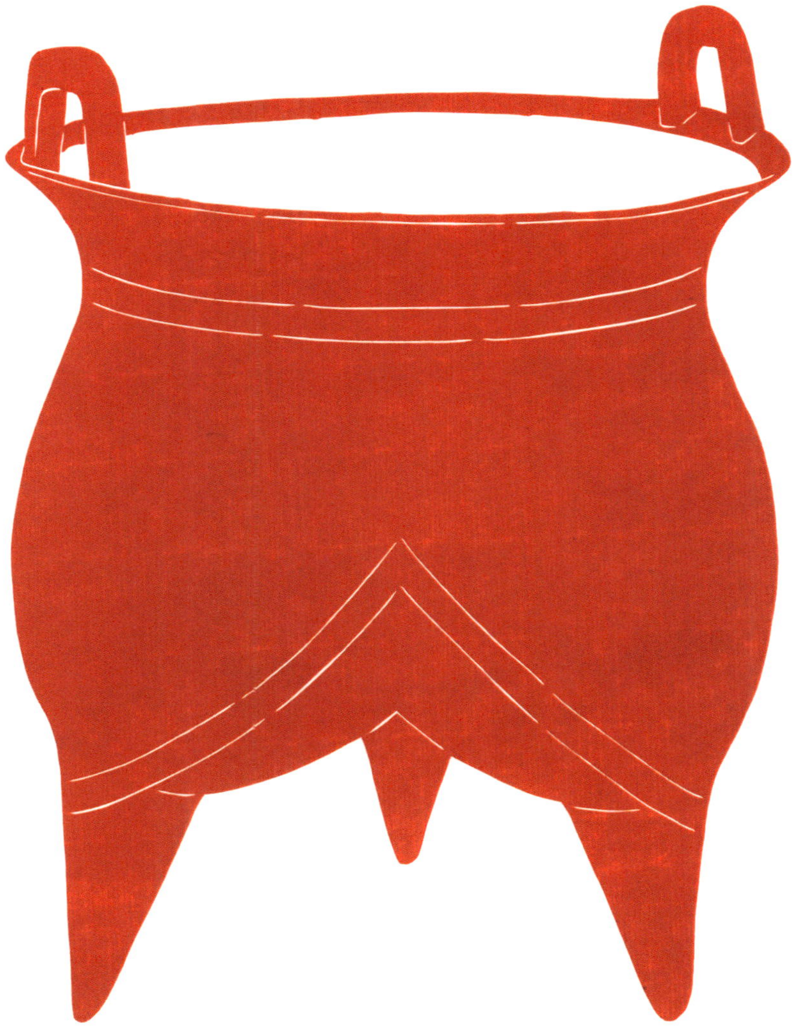

商

郑州市出土

〔铜盉〕

商

郑州市出土

西周时期

〖 云雷纹铜鼎 〗

西周

郑州市洼刘遗址出土

〖凤纹提梁铜卣〗

西周
郑州市洼刘遗址出土

〖 铜盉 〗

西周
郑州市洼刘遗址出土

〖铜爵〗

西周

郑州市洼刘遗址出土

〖铜尊〗

西周
郑州市洼刘遗址出土

玉簋

西周

郑州市洼刘遗址出土

〖鱼形玉珮〗

西周

郑州市洼刘遗址出土

〖陶鬲〗

西周
荥阳市蒋寨遗址出土

〖陶簋〗

西周

荥阳市蒋寨遗址出土

〔 陶豆 〕

西周
荥阳市娘娘寨遗址出土

〖陶鬲〗

西周
荥阳市娘娘寨遗址出土

【玉璜】

西周

荥阳市娘娘寨遗址出土

〖玉觿〗

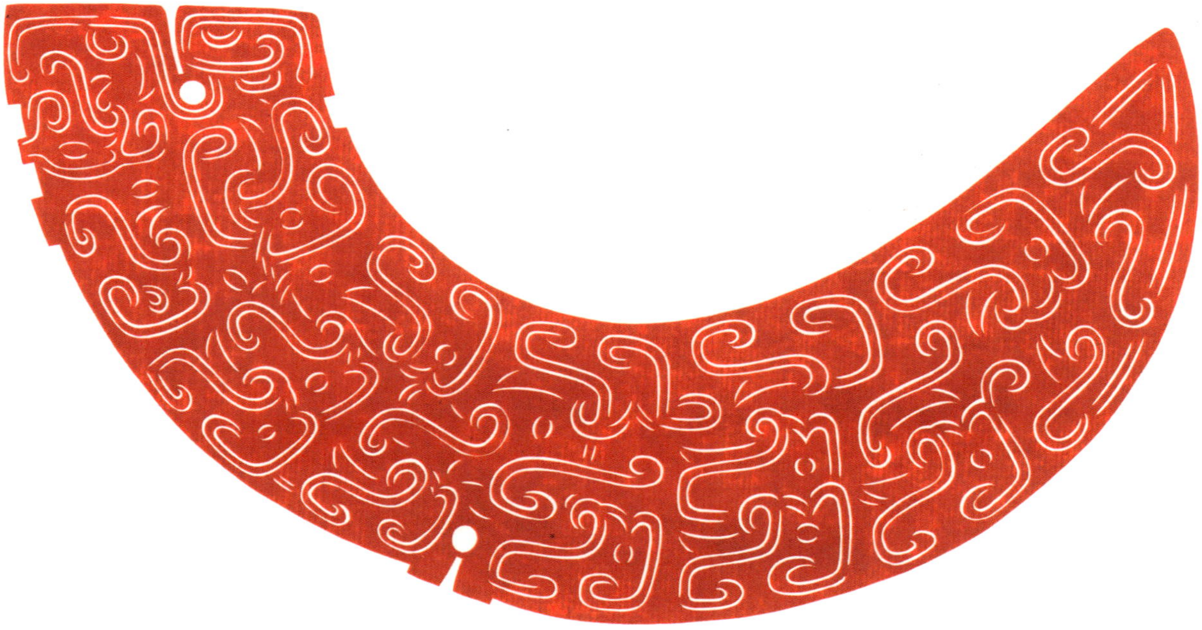

西周

荥阳市娘娘寨遗址出土

春秋战国时期

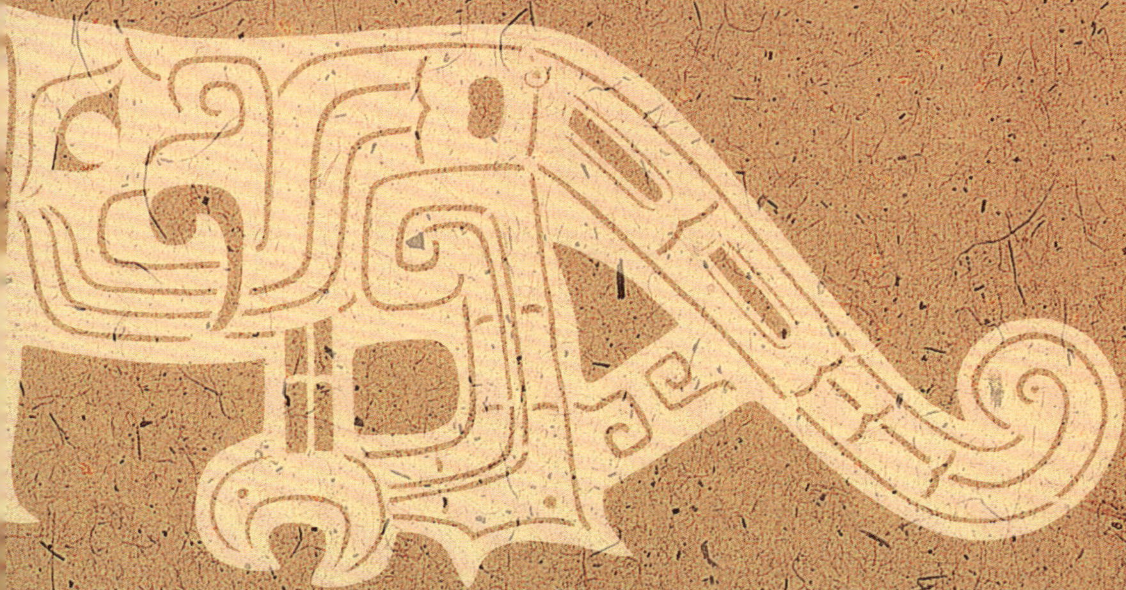

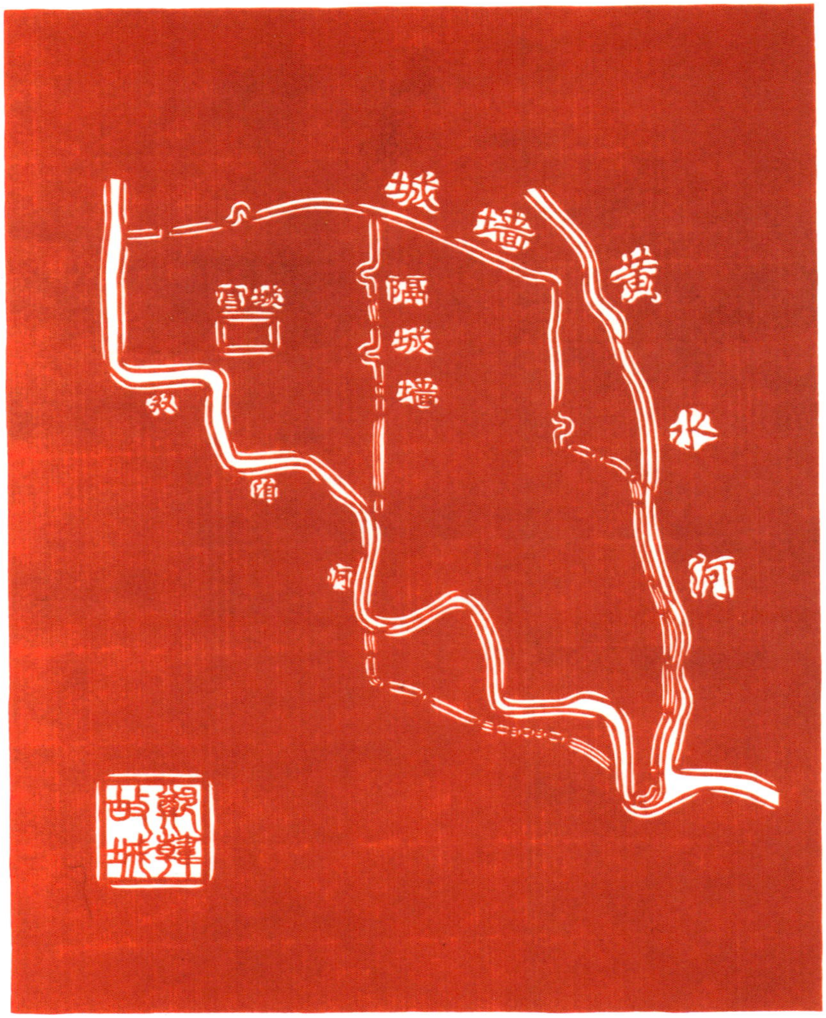

春秋战国

位于新郑市双洎河与黄水河交汇处

郑韩故城距今 2100 多年，至今仍城垣逶迤，巍巍壮观，它是世界上同期保存最完整的古城垣之一。

〖莲鹤铜方壶〗

春秋

新郑市郑公大墓出土

〖蟠龙纹铜方壶〗

春秋

新郑市郑韩故城出土

〖 蟠虺纹铜鼎 〗

春秋

新郑市郑韩故城出土

〖蟠虺纹铜簋〗

春秋
新郑市郑韩故城出土

〖夔龙纹铜编钟〗

春秋

新郑市郑韩故城出土

〖 盘龙纹铜编钟 〗

春秋

新郑市郑韩故城出土

〖铜甗〗

春秋
登封市告城袁窑村出土

【蟠螭纹铜盘】

春秋

登封市告城袁窑村出土

〖 金虎饰 〗

春秋

登封市告城袁窑村出土

〖铜鼎〗

春秋
新郑市铁岭墓地出土

〖陶盖豆〗

战国
新郑市铁岭墓地出土

〔 陶壶 〕

战国
新郑市铁岭墓地出土

【彩绘陶鼎】

战国

新郑市铁岭墓地出土

〖兽耳灰陶鼎〗

战国
新郑卷烟厂出土

〖陶盖豆〗

战国

郑州普罗旺世住宅小区出土

〔铜剑〕

战国

郑州市普罗旺世住宅小区出土

〖铜带钩〗

战国

郑州市航空港区出土

〖 铜戈 〗

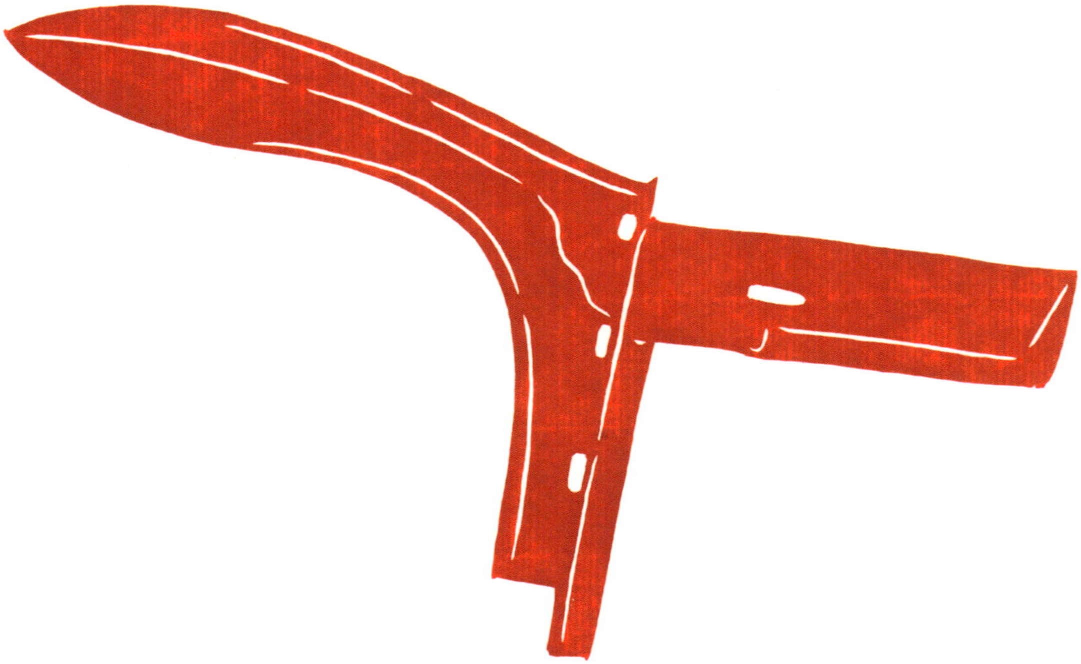

战国
新郑市白庙范村出土

〖铜矛〗

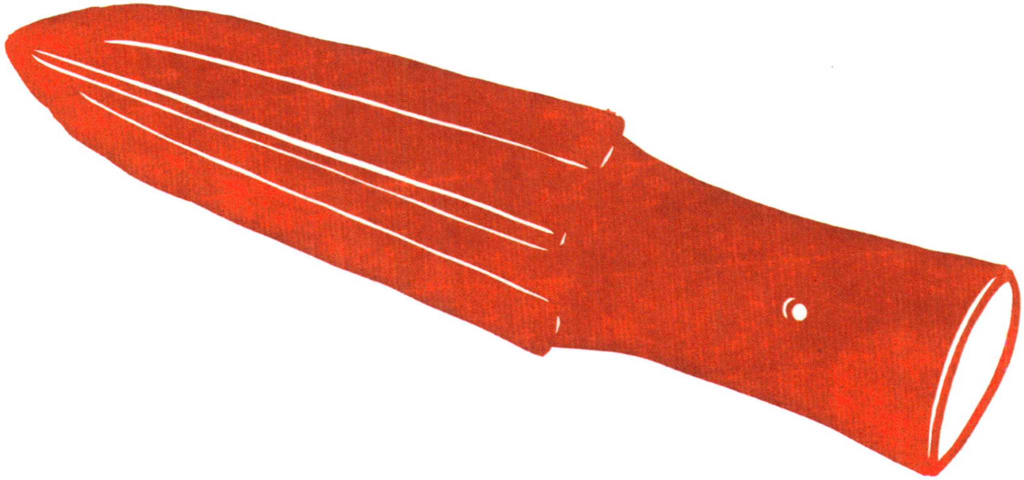

战国
新郑市白庙范村出土

秦汉时期

〖打虎亭汉墓壁画——中国最早的相扑图〗

东汉

新密市牛店镇打虎亭村壁画墓出土

〖打虎亭汉墓壁画——轺车出行图〗

东汉

新密市牛店镇打虎亭村壁画墓出土

〖打虎亭汉墓壁画——收租图〗

东汉

新密市牛店镇打虎亭村壁画墓出土

打虎亭汉墓壁画——“飞丸”杂戏图

东汉

新密市牛店镇打虎亭村壁画墓出土

〖打虎亭汉墓壁画——宴饮图〗

东汉

新密市牛店镇打虎亭村壁画墓出土

苌村汉墓壁画——车马出行图之斧车

汉
荥阳市王村乡苌村壁画墓出土

〖 苌村汉墓壁画——车马出行图之伍伯 〗

汉

荥阳市王村乡苌村壁画墓出土

苌村汉墓壁画——车马出行图之皂盖朱左幡轺车

汉

荥阳市王村乡苌村壁画墓出土

苌村汉墓壁画——游仙图

汉

荥阳市王村乡苌村壁画墓出土

启母阙西阙

东汉

位于登封市西北 2 千米嵩山南麓万岁峰下山坡上

始建于汉安帝延光二年（公元 123 年），是启母庙前的神道阙，启母庙今已无存。

〖启母阙东阙〗

东汉

位于登封市西北 2 千米嵩山南麓万岁峰下山坡上

始建于汉安帝延光二年（公元 123 年），是启母庙前的神道阙，启母庙今已无存。

【启母阙画像——双马图】

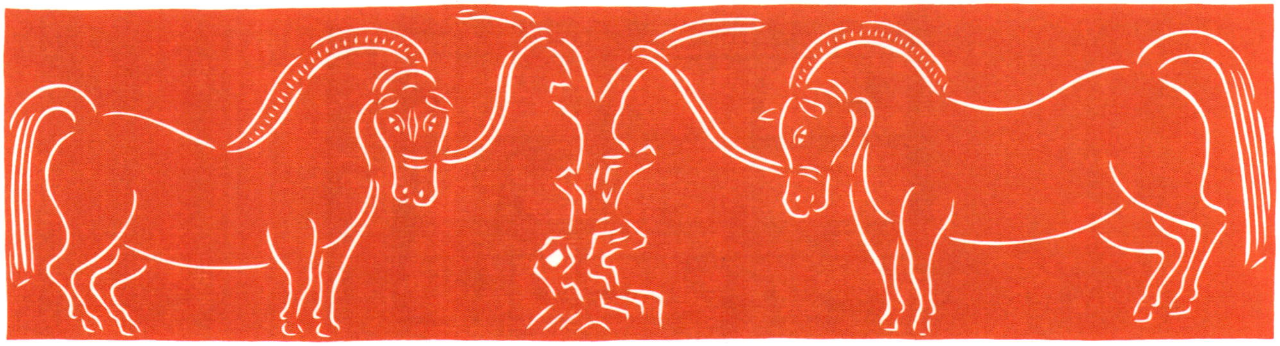

东汉

登封启母阙

〖 少室阙西阙 〗

东汉

位于登封市区西 6 千米少室山下

始建于汉安帝延光二年（公元 123 年），是少室山庙的神道阙，少室山庙现已无存。

〖少室阙东阙〗

东汉

位于登封市区西 6 千米少室山下

始建于汉安帝延光二年（公元 123 年），是少室山庙的神道阙，少室山庙现已无存。

〖少室阙画像——跽坐人物图〗

东汉
登封市少室阙

〖少室阙画像——虎（获禄）鹿图〗

东汉

登封市少室阙

〔太室阙西阙〕

东汉

位于登封市区东太室山黄盖峰下中岳庙天中阁前 600 余米处

始建于东汉安帝元初五年（公元 118 年），是中岳庙前身太室祠前的神道阙。

〔 太室阙东阙 〕

东汉

位于登封市区东太室山黄盖峰下中岳庙天中阁前 600 余米处

始建于东汉安帝元初五年（公元 118 年），是中岳庙前身太室祠前的神道阙。

〖太室阙画像——吉羊图〗

东汉
登封市太室阙

〖 太室阙画像——朱雀图 〗

东汉

登封市太室阙

〖应龙图画像砖〗

汉

郑州烟厂出土

〖楼阁图画像砖〗

汉

郑州烟厂出土

〖双阙、乐舞、虎（获禄）鹿、铺首图画像砖〗

汉

郑州烟厂出土

〖 铺首、人物图画像砖 〗

汉
郑州市庙步四方江泽住宅小区出土

〖乐舞百戏图画像石〗

汉

登封市白沙出土

〖宾主“仙境”宴饮图画像石〗

汉

登封市白沙出土

〖车店、铁铺图画像石〗

汉

登封市白沙出土

西王母赏艺图画像石

汉

登封市白沙出土

〖宾主尚礼“仙境”宴饮图画像石〗

汉

登封市白沙出土

宾主尚礼“仙境”宴饮图画像石

汉

登封市白沙出土

〖居家“仙境”宴饮图画像石〗

汉

登封市白沙出土

〖剑战获俘图画像石〗

汉

登封市白沙出土

〖 龙虎、建木圣树图画像石 〗

汉

登封市白沙出土

〖 错金“一刀平五千”刀币 〗

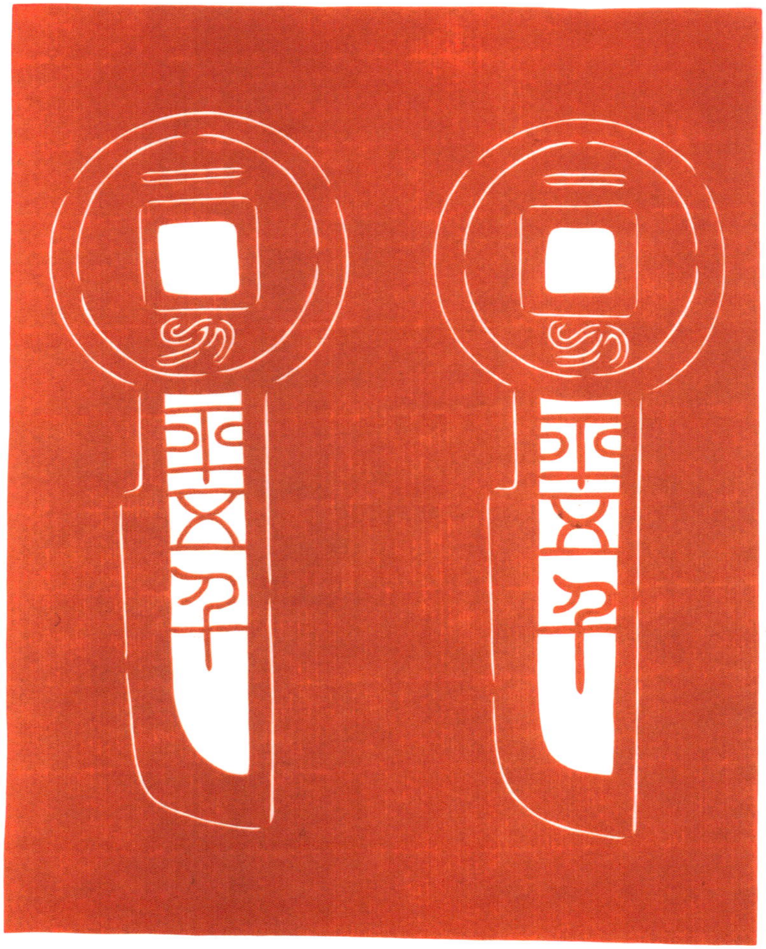

新

郑州市保利百合小区出土

“一刀平五千”钱币是王莽时期的货币，又称“金错刀”。于王莽居摄二年（公元 7 年）所铸，为王莽改制的产物，是钱币界的奇珍。

〖 “大黄布千”布币 〗

新

郑州市保利百合小区出土

〖彩绘方壶〗

汉

郑州市九洲城出土

〖立体彩绘傩戏陶壁壶〗

西汉

荥阳市牛口峪出土

韩仁铭碑

韩仁铭碑，是著名的汉碑，全称《汉循吏故闻熹长韩仁铭》。刻立于东汉熹平五年（公元176年）一月。该碑圆首，两侧浮雕3条螭龙，方座，通高2.23米，身高1.85米，宽0.97米，厚0.21米。

此碑书法结字方整疏阔，行笔斩截劲利，气度雍容典雅，为汉隶成熟期之名作。清杨守敬评该碑云：“清劲秀逸，无一笔尘俗气。”

东汉

现藏于荥阳市文物保护管理所

七层灰陶楼

东汉

荥阳市魏河村征集

彩绘陶楼

汉

荥阳市河王村汉墓出土

〖 铜熏炉 〗

汉

巩义市新华小区汉墓出土

〖铜熏炉〗

汉

巩义市新华小区汉墓出土

〖铜鸟车〗

汉

巩义市新华小区汉墓出土

魏晋南北朝时期

〖 铜砚滴 〗

西晋

巩义市铝厂出土

〖陶武士俑〗

西晋

荥阳市清华大溪地出土

〖陶马〗

西晋

荥阳市清华大溪地出土

陶镇墓兽

西晋
荥阳市清华大溪地出土

巩义石窟寺帝后礼佛图

北魏（公元 386 ～ 534 年）
巩义市南河渡镇寺湾村石窟寺

石窟寺位于巩义市南河渡镇寺湾村的大力山下，是北魏皇室开凿的一座石窟，北魏宣武帝景明年间（公元 500~503 年）建，原名希玄寺，唐代名十方净土寺，清改今名。东西魏、北齐、隋、唐及北宋相继在此凿窟造像。石窟寺现存大雄宝殿和东西庑殿 10 间，洞窟 5 座，千佛龛 1 个，现有摩崖大佛 3 尊、摩崖造像 255 个、佛像 7743 尊和数十篇题记。

其中最精美的为“帝后礼佛图”。第一窟的构图分三层，东边是以皇帝为首的男供养为前导，画面中仪态雍雅的贵族和身体矮小的侍从形成了尊卑鲜明的对照。第四窟的“帝后礼佛图”人物造型独具匠心，前呼后拥的礼佛仪仗队中供养人相貌森严，侍从瘦小低微，比主像小三分之一。仪仗队中有的为帝后携提衣裙，有的执扇撑伞，有的手捧祭器，浩浩荡荡地簇拥帝后进香礼佛，表现了皇室宗教活动的盛大场面。构图简练生动，刻工细腻，为我国石窟浮雕艺术中罕见的杰作。

〖巩义石窟寺帝后礼佛图〗

第一窟礼佛图（局部）
北魏
巩义石窟寺第一窟内

〖巩义石窟寺帝后礼佛图〗

第一窟礼佛图（局部）
北魏
巩义石窟寺第一窟内

〖巩义石窟寺帝后礼佛图〗

第一窟礼佛图（局部）
北魏
巩义石窟寺第一窟内

〖巩义石窟寺帝后礼佛图〗

第一窟礼佛图（局部）
北魏
巩义石窟寺第一窟内

〖巩义石窟寺帝后礼佛图〗

第一窟礼佛图（局部）
北魏
巩义石窟寺第一窟内

〖巩义石窟寺帝后礼佛图〗

第一窟礼佛图（局部）
北魏
巩义石窟寺第一窟内

巩义石窟寺帝后礼佛图

第三窟礼佛图（局部）
北魏
巩义石窟寺第三窟内

〖巩义石窟寺帝后礼佛图〗

第三窟礼佛图（局部）
北魏
巩义石窟寺第三窟内

巩义石窟寺帝后礼佛图

第四窟礼佛图（局部）
北魏
巩义石窟寺第四窟内

〖巩义石窟寺帝后礼佛图〗

第四窟礼佛图（局部）
北魏
巩义石窟寺第四窟内

〖巩义石窟寺帝后礼佛图〗

第四窟礼佛图（局部）
北魏
巩义石窟寺第四窟内

〖巩义石窟寺帝后礼佛图〗

第四窟礼佛图（局部）
北魏
巩义石窟寺第四窟内

〖巩义石窟寺帝后礼佛图〗

第四窟礼佛图（局部）
北魏
巩义石窟寺第四窟内

北魏
巩义市南河渡镇寺湾村石窟寺

〖飞天图〗

北魏

巩义市南河渡镇寺湾村石窟寺

〖飞天图〗

北魏

巩义南河渡镇寺湾村石窟寺

隋唐时期

〖莲花灯〗

唐

巩义市芝田镇唐墓出土

〖白釉堆塑佛兽瓷罐〗

唐

巩义市芝田镇唐墓出土

〖三彩炉〗

唐

巩义市芝田镇唐墓出土

〖三彩鸭衔梅花杯〗

唐

巩义市芝田镇唐墓出土

〔白釉瓷灯〕

唐
郑州市海联工地出土

〖黄釉瓷壶〗

唐

郑州市深国投工地出土

〖彩绘骑马乐俑〗

唐

巩义市芝田镇益家窝村出土

〖彩绘陶牛车〗

唐

巩义北窑湾出土

〖三彩盏〗

唐

郑州市第十九中学出土

〖三彩双龙尊〗

唐

巩义市食品公司出土

〔三彩“八九”盏〕

唐

巩义市食品公司出土

〖 三彩骆驼 〗

唐

巩义市涉村镇出土

〖 三彩马 〗

唐

巩义市涉村镇出土

〖三彩武士俑〗

唐
巩义市涉村镇出土

〖三彩镇墓兽〗

唐

巩义市涉村镇出土

〖 “净土变”青花瓷罐 〗

唐

郑州市上街区唐墓出土

〖“净土变”青花瓷罐〗

唐

郑州市上街区唐墓出土

〖弥勒菩萨石造像〗

唐

荥阳市大海寺遗址出土

〖华严菩萨石造像〗

唐

荥阳市大海寺遗址出土

〖天王菩萨石造像〗

唐

荥阳市大海寺遗址出土

十一面观音石造像

唐

荥阳市大海寺遗址出土

〖 菩萨石造像 〗

唐

荥阳市大海寺遗址出土

〖 菩萨石头像 〗

唐

荥阳市大海寺遗址出土

〖 菩萨石头像 〗

唐

荥阳市大海寺遗址出土

〖 菩萨石头像 〗

唐

东阳市大海寺遗址出土

〔 菩萨石头像 〕

唐

荥阳市大海寺遗址出土

〖菩萨石头像〗

唐

荥阳市大海寺遗址出土

〖菩萨石头像〗

唐

荥阳市大海寺遗址出土

〖菩萨石头像〗

唐

荥阳市大海寺遗址出土

〖菩萨石头像〗

唐

荥阳市大海寺遗址出土

〖菩萨石头像〗

唐

荥阳市大海寺遗址出土

〖菩萨石头像〗

唐

荥阳市大海寺遗址出土

〖菩萨石造像〗

唐

郑州市二七区马寨镇出土

〖尊胜经幢〗

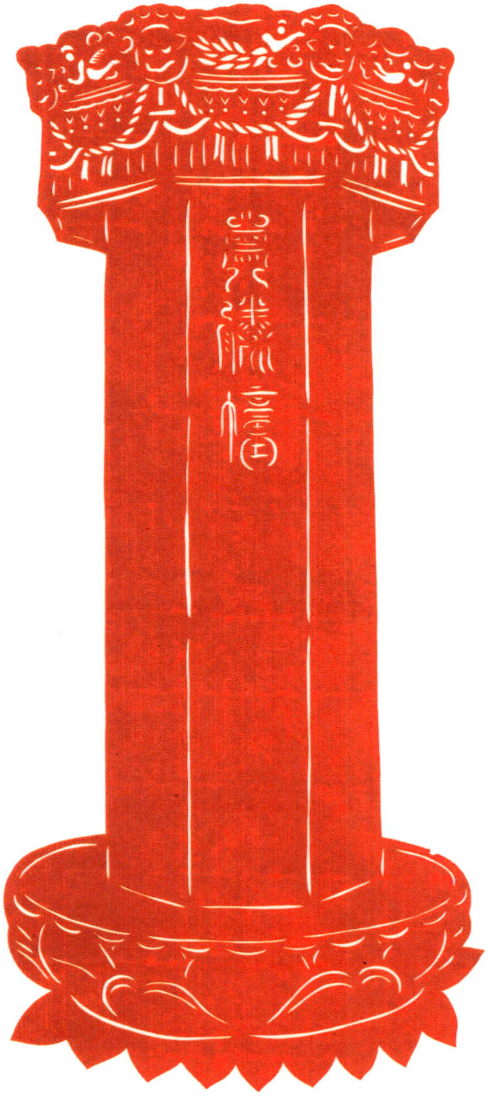

唐

郑州市开元寺征集

大唐嵩阳观纪圣德感应之颂碑

著名碑刻。唐玄宗天宝三年（公元744年）刻立，碑制宏大乃嵩山之冠。内容主要是叙述嵩阳观道士孙太冲为唐玄宗李隆基炼丹九转的故事。李林甫撰文，唐著名书法家徐浩八分古隶楷书，其字迹工整，刚柔适度，书法遒雅，是唐代隶书的代表作品。

唐
位于登封市嵩阳书院门前右侧

宋元时期

〖唐庄宋墓壁画——侍女备宴图〗

宋

登封市唐庄壁画墓出土

〖唐庄宋墓壁画——对饮图〗

宋

登封市唐庄壁画墓出土

〖唐庄宋墓壁画——夫妇起居图〗

宋

登封市唐庄壁画墓出土

〖唐庄宋墓壁画——妇人启门图〗

宋

登封市唐庄壁画墓出土

〖刘碑宋墓壁画——出行图〗

宋

登封市刘碑壁画墓出土

〖高村宋墓壁画——妇人烙饼图〗

宋
登封市高村壁画墓出土

宋

登封市告成镇高村

〖 黑山沟壁画墓展开图 〗

〖 三彩舍利匣 〗

宋

新密市法海寺地宫出土

〖白地黑花瓷枕〗

宋

郑州烟厂出土

〖三彩狮子枕〗

宋

郑州市面粉厂出土

〖白釉黑花玉壶春瓶〗

宋

巩义市文管所征集

〖箭沟宋墓砖刻——奚琴图〗

北宋

登封市箭沟村宋墓出土

为早于朝鲜、日本所藏古图中的奚琴。是二胡的早期重要源头。

宋陵——石雕门狮

北宋

巩义市宋陵

宋陵，北宋皇帝及其陪葬宗室的陵寝，位于巩义市嵩山北麓与洛河间的丘陵和平地上，共有300余座陵墓，总面积约30平方千米，是中国中部地区规模最大的皇陵群。现地上所存700多件精美石刻，具有重要的文物价值和艺术价值。

〖 宋陵——石雕瑞禽屏 〗

北宋

巩义市宋陵

〖宋陵——石雕瑞禽屏〗

北宋

巩义市宋陵

〖宋陵——石雕控马官〗

北宋

巩义市宋陵

武士石造像

北宋

郑州市开元寺遗址出土

〖武士石造像〗

北宋
郑州市开元寺遗址出土

〖 力士石造像 〗

北宋

郑州市开元寺遗址出土

〖力士石造像〗

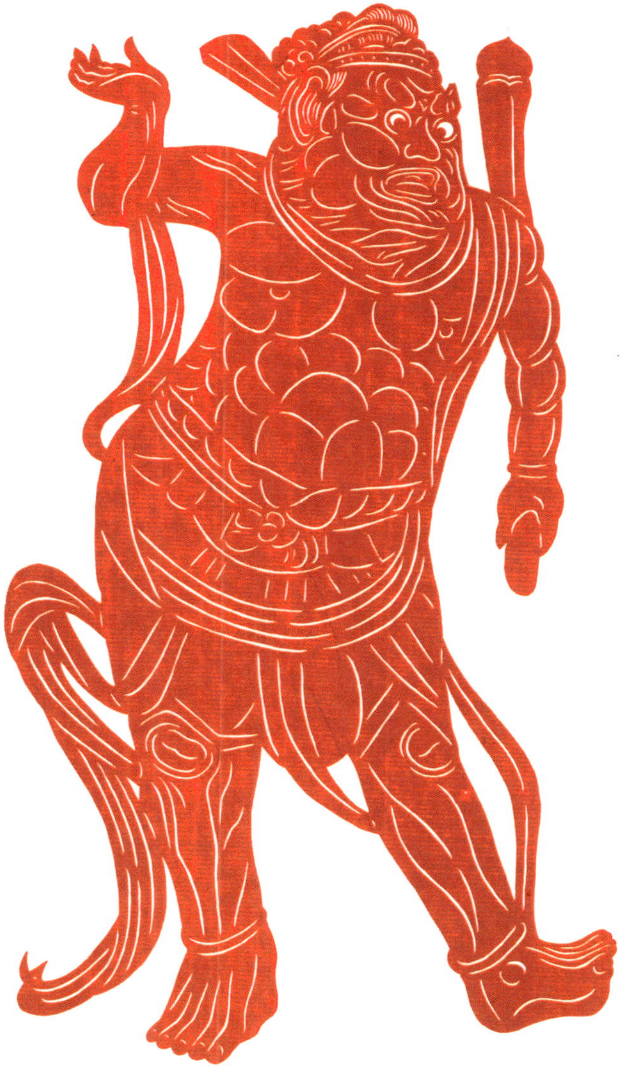

北宋
郑州市开元寺遗址出土

〖金代石棺棺盖前额“龙凤呈祥”夫妇浮雕〗

金

郑州市上街金墓出土

〖佛顶尊胜陀罗尼经幢〗

金

荥阳市康泰路与京城路交叉处东侧的街心公园内

由座、身、顶三大部分组成。该幢地面以上高 5 米，尚有约 2 米埋于地下。经幢形体高大，雕刻精美，历史悠久，保存完好，对研究我国古代的雕刻史、佛教史等均有较高的价值。

王上金墓壁画——侍女图

金

登封市王上壁画墓出土

〖王上金墓壁画——侍女图〗

金

登封市王上壁画墓出土

〖王上金墓壁画——揖别升仙图〗

金

登封市王上壁画墓出土

〖王上金墓壁画——孔雀、奇石、梅竹图〗

金

登封市王上壁画墓出土

〖红陶菩萨〗

元
郑州市东西大街出土

〖 龙纹红陶饰件 〗

元

郑州市东西大街出土

〖青花云龙纹玉壶春瓶〗

元

荥阳市楚村出土

明清时期

〖南无药师琉璃光佛石造像〗

明

新密市超化寺出土

〖白釉赭彩开光人物瓷瓮〗

明

郑州市博物馆收藏

〖白釉瓷注子〗

明

郑州市黄岗寺明墓出土

〖白釉瓷爵杯〗

明

郑州市黄岗寺明墓出土

〖彩瓷烛台〗

明

郑州市马寨明墓出土

〖豆青底粉彩婴戏图扁瓶〗

清

巩义市康百万庄园征集

〖青花瓷觚〗

清

郑州市博物馆藏

郑州文化名人

〖黄帝〗

远古时代

黄帝，古华夏部落联盟首领，中国远古时代华夏民族的共主。五帝之首。被尊为中华“人文初祖”。据史书记载，轩辕黄帝故里在郑州新郑。

〖 大禹 〗

夏

禹，姓姒，名文命，字（高）密。史称大禹、帝禹，为夏后氏首领、夏朝开国君王。据史料记载：夏禹始都阳城（今郑州登封告成镇）。

〖商汤〗

商

商汤（？~前1588年），子姓，名履，又称武汤、天乙、成汤、成唐，甲骨文称唐、大乙，又称高祖乙，商族部落首领，商朝的创建者，在位30年，其中17年为商国诸侯，13年为商朝国王。根据文献记载与考证，郑州商城即“汤始居亳”的亳都。

伊尹

商

伊尹（公元前 1649 ~ 前 1549 年），姓伊，名挚，小名阿衡。伊尹为中国商朝初年著名丞相，三代之老。是中华厨祖，中原菜系创始人。约公元前 1600 年，他辅助商汤灭夏朝，为商朝建立立下汗马功劳。他任丞相期间，整顿吏治，体察民情，使商朝初年经济比较繁荣，政治比较清明，商朝国力迅速强盛。

郑氏三公

西周末至战国初

郑氏三公，即郑国的开国之君郑桓公、建立东方郑国的郑武公、称霸诸侯的郑庄公。

郑国，是西周末至战国初重要诸侯国之一，姬姓，伯爵。周宣王二十二年，封其弟王子友于郑，是为郑桓公，最初的封地在今陕西省凤翔一带，后迁到今陕西省华县一带，周平王东迁时的郑国已经迁至今郑州新郑一带。

〖子产〗

春秋

子产(？~前522年)，复姓公孙，名侨，字子产，又字子美，郑称公孙，是我国春秋时期郑国著名的政治家。郑简公十二年(公元前554年)为卿，二十三年执政。有“铸刑鼎”、“不毁乡校”等重要历史作为。

〖列子〗

战国

列子，名寇，又名御寇，东周威烈王时期（公元前425年前后）郑国圃田人，战国前期的哲学家、思想家，寓言家，被称为东方的伊索。他是道家早期代表人物。曾师从关尹子、壶丘子、老商氏、支伯高子等。终生致力于道德学问，不求名利，清静修道。主张循名责实，无为而治。后被道教尊奉为“冲虚真人”。

〖王子乔〗

东周

王子乔（约公元前 565 ～前 549 年），又名王晋，字子晋，又字子乔。周灵王的太子。传说为道士浮丘公引上嵩山三十余年，得道成仙，喜吹笙作凤鸣。其辅政得力，年轻有为，曾得到政治家和音乐大师师旷的赞扬。

〖杜甫〗

唐

杜甫（公元 712 ~ 770 年），字子美，汉族，祖籍襄阳，生于河南巩县，自号少陵野老，是唐代伟大的现实主义诗人。杜甫在中国古典诗歌中的影响非常深远，被后人称为“诗圣”，他的诗被称为“诗史”。

〖白居易〗

唐

白居易（公元772～846年），字乐天，号香山居士，又号醉吟先生，祖籍太原，河南新郑（今郑州新郑）人。白居易是唐代伟大的现实主义诗人，中国文学史上负有盛名且影响深远的诗人和文学家，他的诗歌题材广泛，形式多样，语言平易通俗，有“诗魔”和“诗王”之称。

〖刘禹锡〗

唐

刘禹锡（公元 772 ～ 842 年），字梦得，洛阳人。唐代著名文学家、诗人，有“诗豪”之称。唐会昌二年（公元 842 年）逝世，葬于檀山，即今郑州荥阳城东豫龙镇。他的诗通俗清新，深得民歌优美易懂的优点。他的诗作如《西塞山怀古》、《竹枝词》、《石头城》、《乌衣巷》等都深受后人的喜爱。

李商隐

唐

李商隐（约公元813～约858年），字义山，号玉溪生、樊南生，唐代著名诗人，祖籍河内（今河南省焦作市）沁阳，出生于郑州荥阳。他擅长诗歌写作，骈文文学价值也很高，是晚唐最出色的诗人之一。

〖后周世宗柴荣〗

五代

柴荣（公元 921 ~ 959 年），邢州尧山柴家庄（今河北省邢台市隆尧县）人，是五代时期后周皇帝。文献记载后周官窑为柴窑，柴瓷被清人称为“瓷皇”。

程颢

北宋

程颢（公元 1032 ~ 1085 年），字伯淳，人称明道先生，原籍河南洛阳，生于湖北黄陂，北宋理学家、教育家。他与程颐为同胞兄弟，世称“二程”。“二程”早年受学于理学创始人周敦颐，宋神宗赵顼时，建立起自己的理学体系。

〖程颐〗

北宋

程颐（公元 1033 ~ 1107 年），字正叔，洛阳伊川（今河南洛阳伊川县）人，世称伊川先生，出生于湖北黄陂，北宋理学家和教育家。他与胞兄程颢共创“洛学”，为理学奠定了基础。

〖李诫〗

北宋

李诫（公元 1035 ~ 1110 年），享誉世界的著名建筑学大师，字明仲，郑州管城县（今郑州新郑）人，编纂著名的《营造法式》一书。

〖 卢琚 〗

明

卢琚（公元 1556 ～ 1610 年），郑州市中原区朱屯村人。卢琚于明万历年间在湖广宝庆府（今湖南邵阳）任推官、在陕西省延安府绥德州任知州。

〖 杨炳堃 〗

清

杨炳堃（公元 1787 ～ 1858 年），字蕉雨，浙江归安县（今湖州市）人。清嘉庆十七年（1812 年）拔贡，十九年朝考得官，道光二年（公元 1822 年）二月任密县知县。曾得到林则徐的称赞和信任。

郑州文化景观

隋唐时期荥泽八景

“荥泽八景”，即隋唐时期荥泽县域的八个景观，分别为纪庙丰碑、黄河古渡、岳山耸翠、隋堤烟柳、鸿沟暮云、广武晴岚、惠济长桥、古城牧唱。这八个景观，起始于隋代，繁荣于唐代。现今郑州市惠济区境内，尚有部分遗存。

隋唐时期荥泽八景——纪庙丰碑

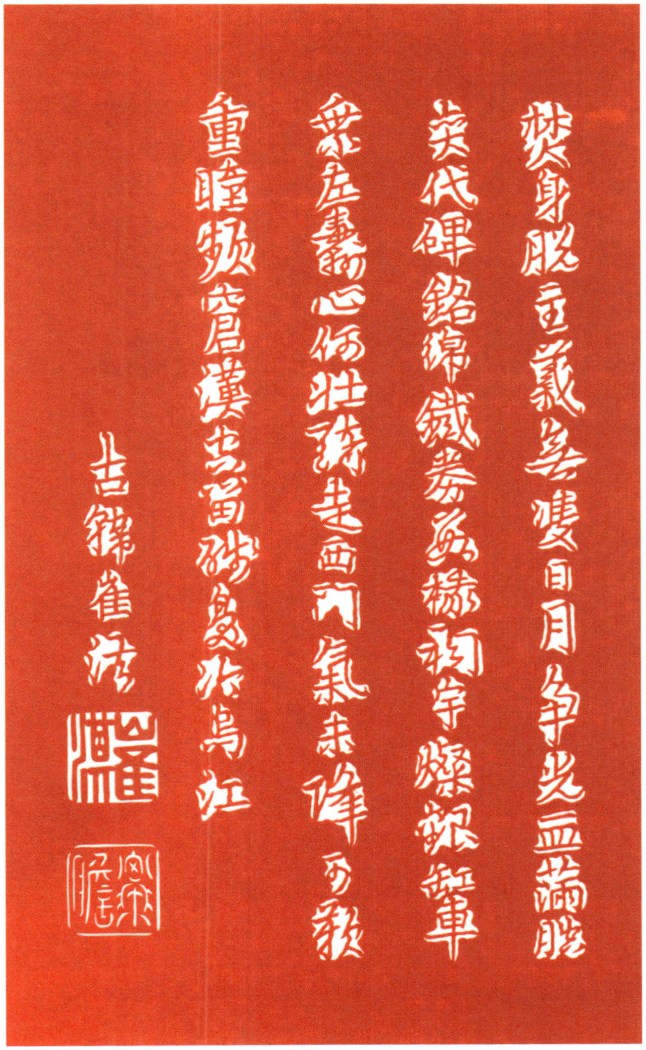

清荥泽知县崔淇题诗

焚身脱主义无双，日月争光血满腔。奕代碑铭绵铁券，茹椽祠宇灿银釭。
车系左纛心何壮，骑走西门气未降。可叹重瞳频窘汉，空留残魄冷乌江。

〖隋唐时期荥泽八景——黄河古渡〗

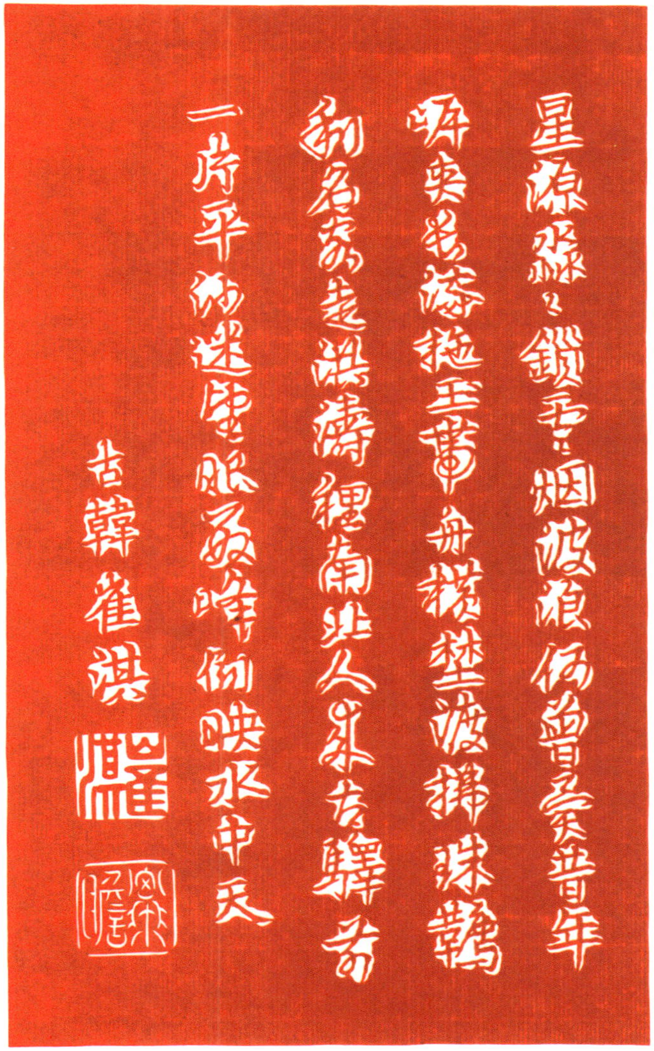

清荥泽知县崔淇题诗

星源淼淼锁云烟，波浪何曾负昔年。岸夹长流拖玉带，舟横野渡拂珠鞴。

利名客走洪涛里，南北人来古驿前。一片平沙迷望眼，数峰倒映水中天。

隋唐时期荥泽八景——岳山耸翠

隋唐时期荥泽八景——岳山耸翠题诗

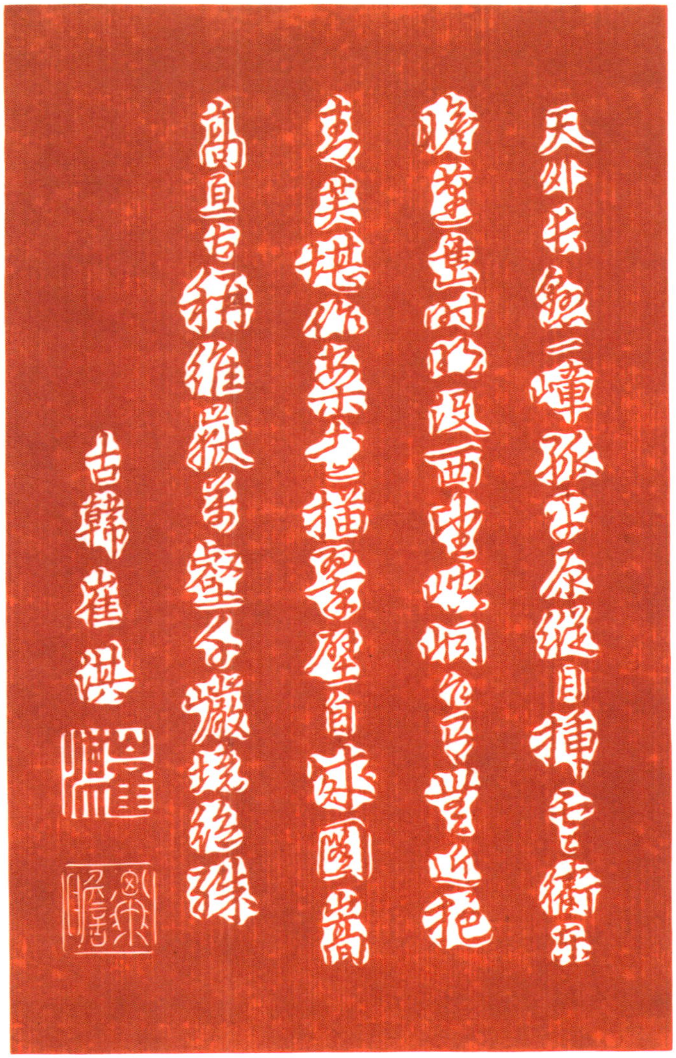

清荥泽知县崔淇题诗

天外长悬一嶂孤，平源纵目插云衢。东瞻蓬岛时明没，西望崆峒乍有无。
近挹青芙堪作案，走描翠壁自成图。嵩高亘古称维岳，万壑千岩境绝殊。

〖隋唐时期荥泽八景——隋堤烟柳〗

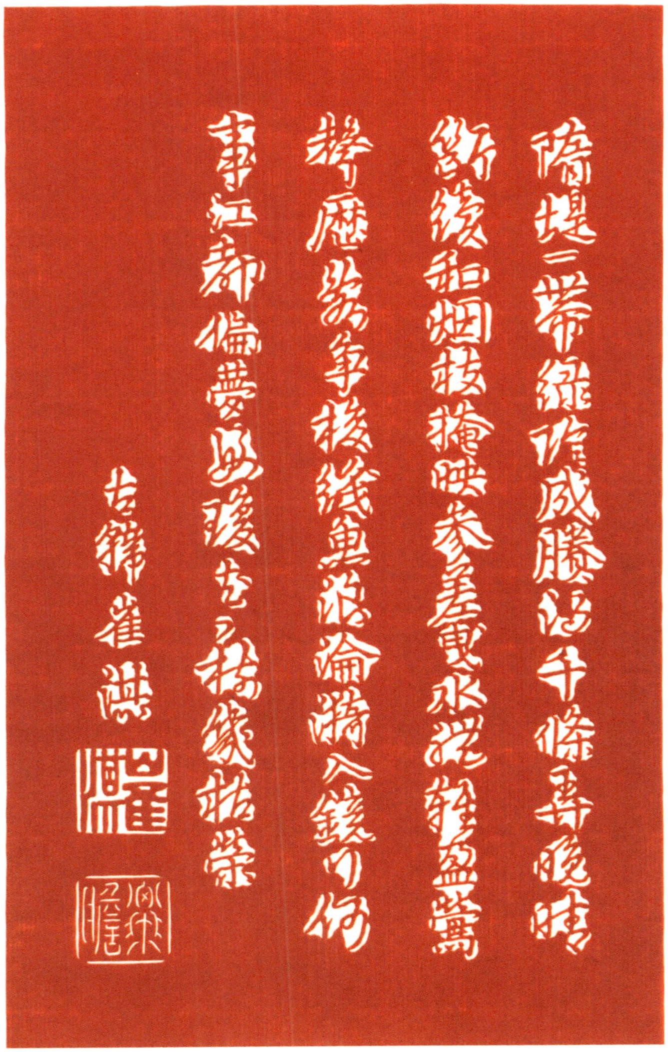

清荥泽知县崔淇题诗

隋堤一带绿阴成，剩得千条弄晚晴。断续和烟枝掩映，参差曳水騕轻盈。
莺声历乱争梭线，鱼浪沦漪入镜行。何事江都偏梦要，琼花一枝几枯荣。

【隋唐时期荥泽八景——鸿沟暮云】

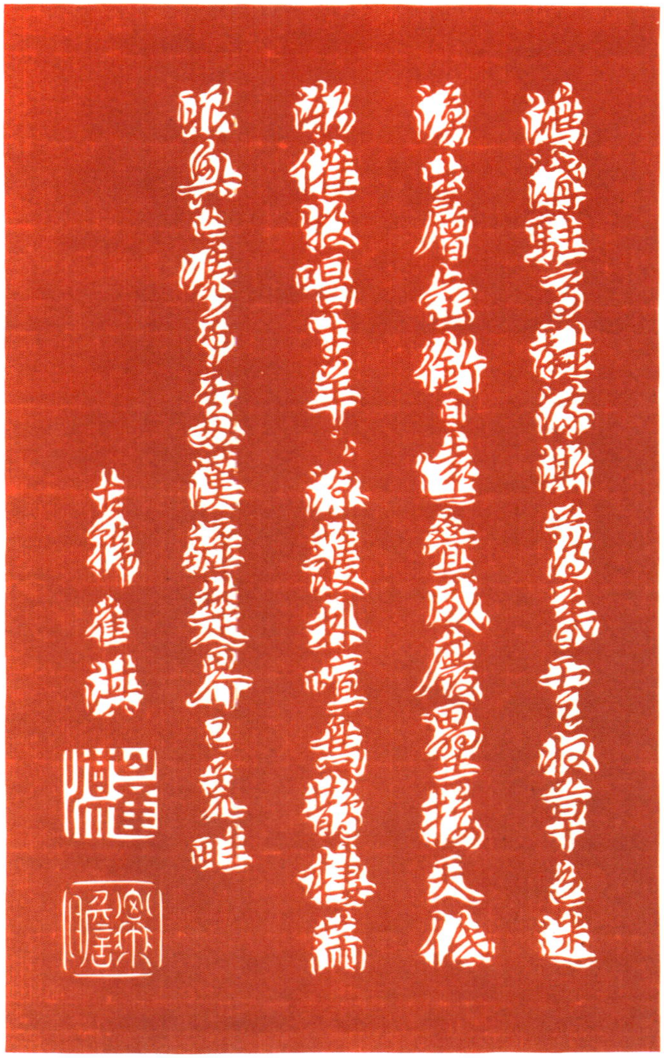

清荥泽知县崔淇题诗

鸿沟驻马听流澌，薄暮云收草色迷。湧出层峦衔日远，叠成废壘接天低。

渐催牧唱牛羊行，深护林喧乌鹊棲。满眼兴亡凭吊处，汉疆楚界已荒畦。

〖隋唐时期荥泽八景——广武晴岚〗

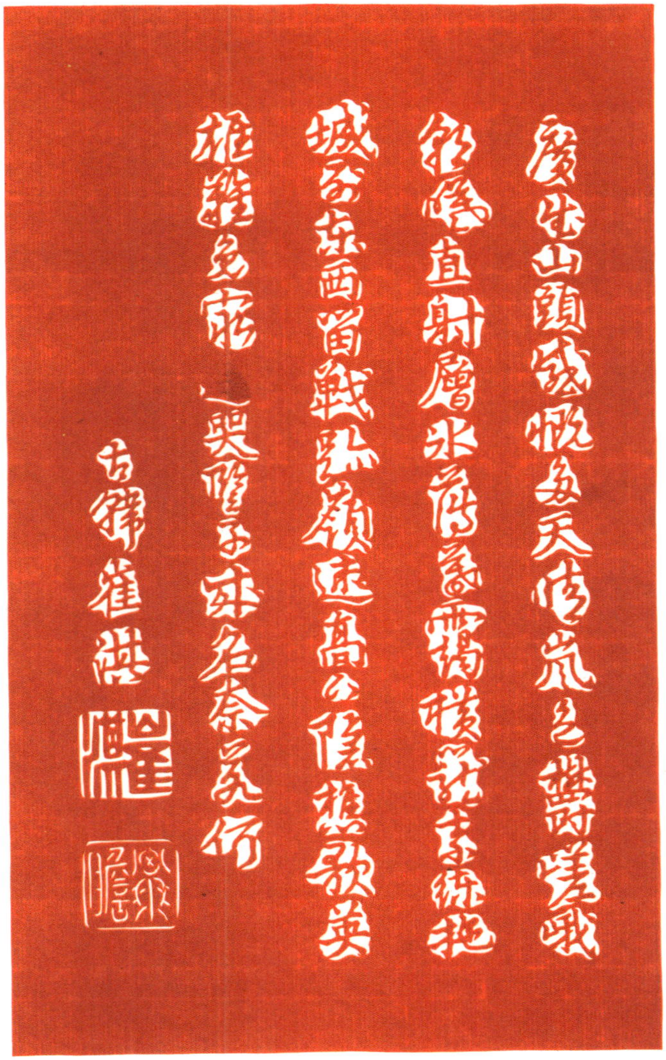

清荥泽知县崔淇题诗

广武山头感慨多，天晴岚色郁嵯峨。朝曦直射层冰薄，暮霭横笼素练拖。
城前东西留战迹，岭迷高下隐樵歌。英雄难免穷途哭，竖子成名奈若何。

隋唐时期荥泽八景——惠济长桥

隋唐时期荥泽八景——惠济长桥题诗

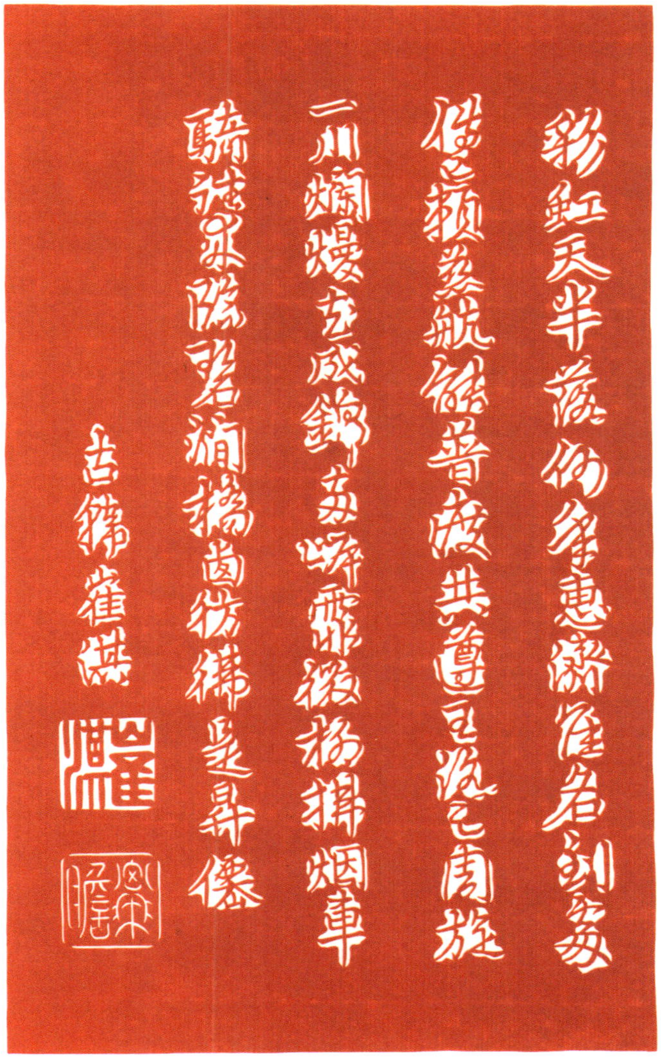

清荥泽知县崔淇题诗

彩虹天半落何年，惠济佳名到处传。已赖慈航能普渡，共遵王洛已周旋。
一川烂熳花成锦，两岸霏微柳拂烟。车骑往来临碧涧，桥囱彷彿是升仙。

【隋唐时期荥泽八景——古城牧唱】

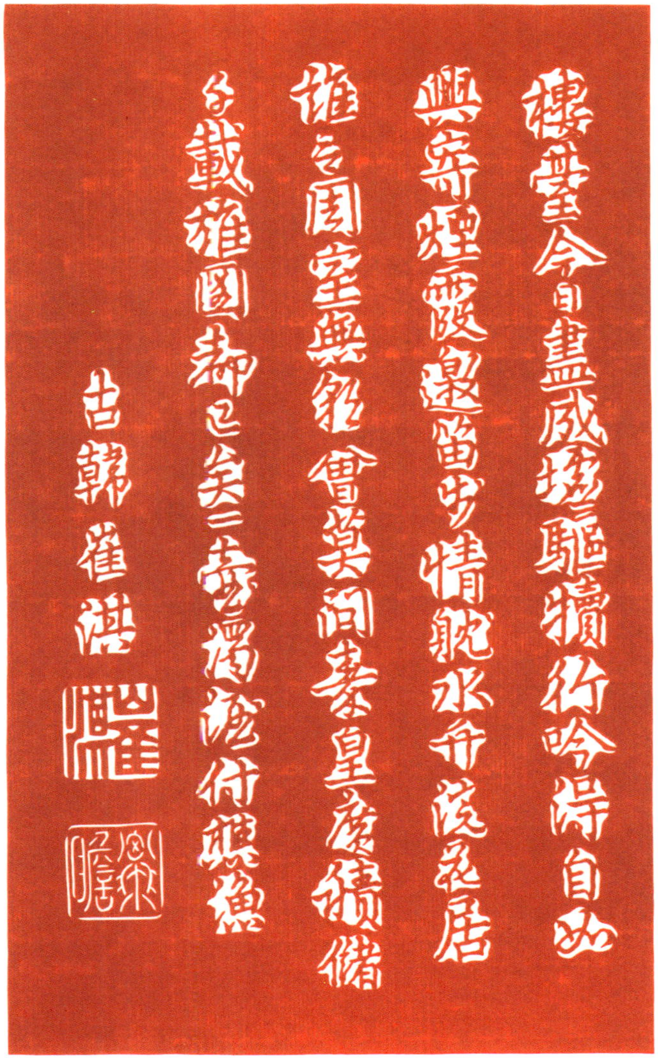

清荥泽知县崔淇题诗

楼台今日尽成墟，驱犊行吟得自如。兴寄烟霞邀笛步，情耽水升浣花居。
谁言周室无朝会，莫问秦皇广积储。千载雄图都已矣，一壶浊酒付樵渔。

明清时期郑州八景

“郑州八景”指的是明清时期郑州境内的八个景观。分别是：圃田春草、汴河新柳、龙岗雪霁、凤台荷香、梅峰远眺、古塔晴云、海寺晨钟、卦台仙境。形成于明清，毁坏于近现代。

〖明清时期郑州八景——圃田春草〗

清知州张钺题诗

薮泽平铺嫩带烟，偶经酥雨倍芊绵。年年占得春风早，怀古重吟甫草篇。

〖明清时期郑州八景——汴河新柳〗

清知州张钺题诗

丝垂缕绾点春光，茬苒轻阴汴水长。自是东君多护惜，一天雨露染新黄。

〖 明清时期郑州八景——龙岗雪霁 〗

清知州张钺题诗

六出飞花一夜翻，朝来玉蟒卧微暾。琼瑶满眼丰年瑞，尤爱空明画里村。

〖 明清时期郑州八景——凤台荷香 〗

清知州张钺题诗

台荒不见凤来翔，路转回廊得小凉。十里熏风三尺水，红云擎出翠云乡。

明清时期郑州八景——梅峰远眺

清知州张钺题诗

远近群瞻卓笔欣，无心出岫忽升腾。鸽王离怖梵天近，五色蒸霞绕上层。

〖明清时期郑州八景——古塔晴云〗

清知州张钺题诗

擎天一柱映斜日，高造浮屠上入云。伊孰当年藏舍利，烟岚雨后色平分。

〖 明清时期郑州八景——海寺晨钟 〗

清知州张钺题诗

明灭残星漏已沉，数声清响振祇林。邯郸半枕惊回梦，转与枯禅定慧深。

〖明清时期郑州八景——卦台仙境〗

清知州张钺题诗

辞粟遗荣善自全，泠然一语寄真诠。西游也在人间世，赢得千秋强号仙。

郑州风景名胜

〖炎黄二帝塑像〗

20 世纪 80 年代
位于郑州市黄河南岸的向阳山上

炎黄二帝塑像采用中国传统雕塑艺术和中国建筑艺术相结合的手法进行建造，高 106 米，是世界最高的雕塑之一。

塑像用花岗岩雕筑而成，一个威武刚强、凤目龙隼、气宇轩昂，一个广额纯朴、智慧慈爱，他们包容了中华民族的崇高品质，体现了不屈不挠、勤劳勇敢和开拓前进的宏大气概。

〖黄帝故里〗

20 世纪 90 年代
位于新郑市区轩辕路北

新郑市古为有熊国，是中华人文始祖轩辕黄帝出生、创业、建都之地。五千年前，轩辕黄帝出生于新郑北关的轩辕丘，长于姬水河畔，带领先民肇造了光辉灿烂的中华文明，奠定了中华民族的根基。这里已成为海内外炎黄子孙寻根拜祖的圣地。

轩辕故里祠，汉代建筑，历代多有毁建，明清重修，现存有正殿、东西配殿和祠前庭。正殿五间，中央供奉轩辕黄帝金身塑像，殿内四周的壁画生动形象地展现了皇帝一生的丰功伟绩。东西配殿各三间，东配殿塑黄帝元妃嫘祖“先蚕娘”像，西配殿塑黄帝次妃嫫姆“先织娘”像。

〖轩辕庙〗

明—清

位于新郑市西南辛店镇具茨山主峰顶上

轩辕庙，创建年代不详，坐西朝东，歇山灰瓦顶，台基、墙体均用青石砌筑。庙内正中置人文始祖轩辕黄帝像。

〖青龙山慈云寺〗

20 世纪 80 年代

位于巩义市大峪沟镇民权村南部的青龙山中

慈云寺始建于汉代，或兴或废，经历了两千多年的岁月沧桑，成了令人遐思的古寺。据寺内碑载：“东汉明帝永平七年（公元 64 年），有僧摩腾，竺法兰始建白马寺于洛阳城西，既而云游其山，因其山月之秀，遂开慈云禅寺。”寺中现存大量的各朝代佛教遗迹和碑刻资料，碑刻中的许多记载填补了中国佛教发展的空白，特别是寺中的《释迦如来双迹灵相图》碑和《青龙山慈云寺五十三峰圣境之图》碑，更是具有极其珍贵的研究价值。

〖“战马嘶鸣”铁塑〗

20 世纪 80 年代
位于荥阳市西北广武山上的汉霸二王城遗址

汉霸二王城位于荥阳广武山上，二城中隔广武涧，遥遥相对。西城为刘邦所筑，称汉王城；东城为项羽所筑，称霸王城。二城之北紧靠黄河，西南万山丛错，形势险要。“战马嘶鸣”铁塑坐落于濒临鸿沟的霸王城边，高 7 米，重 19 吨，面对滔滔大河，引颈长嘶，底座上，是丢弃的刀、枪、剑、戟。站在荒草萋萋的霸王城头，楚汉争战的场面早已逝去，刘、项厮杀的刀光剑影也早已退尽，但是当年项羽“力拔山兮气盖世”的霸气与豪气似乎还在山谷中回荡。

禅宗祖庭少林寺

唐—清

位于登封市嵩山少室山五乳峰下

少林寺，始建于北魏太和十九年（公元 495 年），是孝文帝为了安置他所敬仰的印度高僧跋陀尊者，在与都城洛阳相望的嵩山少室山北麓敕建而成。少林寺是汉传佛教的禅宗祖庭，号称“天下第一名刹”。因其历代少林武僧潜心研创和不断发展的少林功夫而名扬天下，有“天下功夫出少林，少林功夫甲天下”之说。

〖达摩一苇渡江碑〗

明

现藏登封市少林寺内

传说，达摩是天竺国香至王的第三个儿子，自幼拜释迦牟尼的大弟子摩诃迦叶之后的第二十七代佛祖般若多罗为师。相传达摩到中国传教，在南方传道已毕，北上时路遇一江无船可渡，折江边芦苇，抛入江中，踏苇过江，他在少林寺广集僧徒，首传禅宗。自此以后，达摩便成为中国佛教禅宗的初祖，少林寺被称为中国佛教禅宗祖庭。

混元三教九流图赞碑

明

现藏登封市少林寺内

混元三教九流图又称三教合一图。图中将佛、道、儒合为一体，左面是道家创始人老子，右面是儒家创始人孔子，两老人侧身对坐谈佛论道的形态合成佛祖释迦穆尼正面形象，三人供捧“九流水源图”。“混元三教九流图”以简单的线条勾勒出中华文明的特质，简洁与厚重，含蓄与精深水乳交融，相得益彰。碑文曰：“佛教见性，道教保命，儒教明伦，纲常是正。农流务本，墨流备世，名流责实，法流辅制，纵横应对，小说咨询，阴阳顺天，医流原人，杂流兼通，述而不作。博者难精，精者未博。日月三光，金玉五谷，心身皮肤，鼻口耳目。为善殊途，咸归于治。曲士偏执，党同排异。毋患多歧，各有所施。要在圆融，一以贯之。三教一体，九流一源，百家一理，万法一门。”

〖 少林寺塔林 〗

唐—清

位于登封市少林寺西约 250 米

少林寺塔林是少林寺祖茔，是自唐代以来历代少林高僧安息的墓地，也是国内现存的最大的塔林，有砖石塔 248 座，墓塔式样繁多，造型各异，其形状有八角形、六角形、正方形、圆形、锥形等。

〖嵩岳寺塔〗

北魏

位于登封市嵩山南麓峻极峰下嵩岳寺内

嵩岳寺，始建于北魏永平二年（公元 509 年），原是北魏宣武帝的离宫，后改为佛教寺院，正光元年（公元 520 年）改名闲居寺。隋仁寿二年（公元 602 年）改名嵩岳寺。目前佛寺虽废，但塔院犹存。

嵩岳寺塔，初建于北魏正光四年（公元 523 年），塔顶重修于唐，是我国现存最早的密檐式砖塔，也是中国唯一的一座十二边形塔，塔高约 45 米。该塔历经 1400 多年风雨侵蚀，仍巍然屹立。

〖永泰寺塔〗

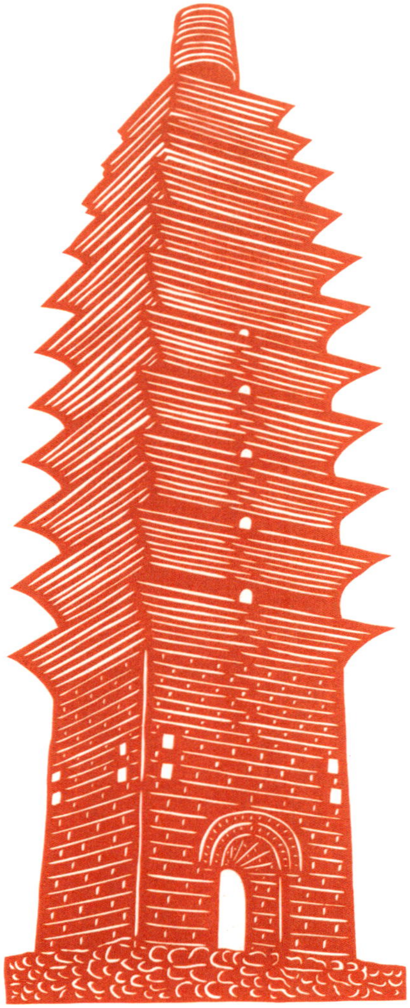

唐

位于登封市西 11 千米嵩山西麓子晋峰下

永泰寺塔创建于唐代初期，平面呈方形，为十一级叠涩密檐式砖塔。高约 30 米，周长 18.4 米，壁厚 1.4 米。塔身南面辟券门，塔心室为长方形空筒状。塔外轮廓呈优美的抛物线形。塔刹由仰莲、五重相轮组成，塔身外敷白灰。塔之造型具有显著的唐代风格，它是嵩山唐塔中一座典型的代表作品。

〖 法王寺塔 〗

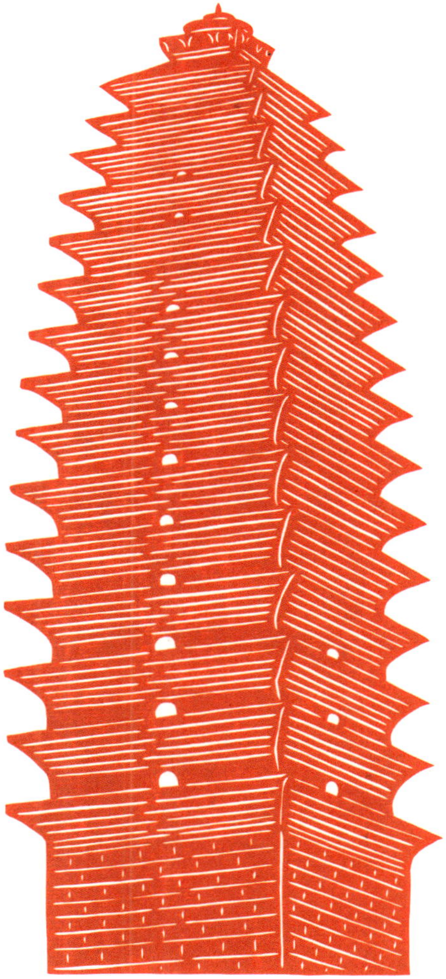

唐

位于登封市区北 7 千米嵩山南麓玉柱峰下

法王寺唐塔平面呈正方形，高约 34 米，边长 7 米，为十五级的密檐式砖塔。塔体壁厚 2.13 米，黄泥砌缝，白灰敷皮，每檐开设有假门窗。塔身以上的十五层密檐层层外叠，各层高度和宽度由下而上递减，呈抛物线形。塔身南面辟圆券门，门内为塔心室，平面为方形，佛台上供有泥塑佛像一尊，塔顶宝刹已损毁，但整座大塔高居寺院后部台地上，成为全寺的标志。

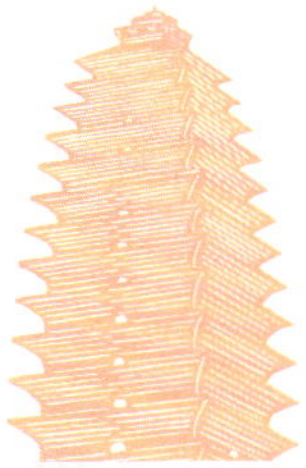

净藏禅师塔

唐

位于登封市区西北 6 千米积翠峰下会善寺西 250 米处

净藏禅师塔，创建于唐天宝五年（公元 746 年），是我国现存最早的八角形仿木结构砖塔。该塔除塔刹为石雕外，全由青砖砌筑。塔由基座、塔身和塔顶三部分组成。平面系等边八角形，坐北朝南，基座高 2.6 米，座上部砌须弥座，束腰处雕出横长壸门。基座以上为塔身，平面呈八角形，转角处砌出倚柱，柱根不施柱础，柱头作覆盆式。南有拱券式塔门，北面嵌镶塔铭一方，记述净藏禅师生平事迹，其余均施砖雕破子棂窗。东西两面嵌砌砖雕实榻大门，门上有阑额，再上雕出人字形斗拱。塔顶由叠涩砖檐、砖雕花纹及石雕宝刹组成。

〖中岳庙〗

汉—清

位于登封市城东 3 千米太室山南麓

中岳庙，创建于秦，西汉刘彻增修太室祠，南北朝时称中岳庙，唐宋时期多次增修，清乾隆年间加大整修并在庙中开设道会司，以掌管全县的道教事务。

庙院坐北朝南，平面呈纵长方形，南北长 650 米，东西宽 166 米。中轴线上依次布置“名山第一坊”、遥参亭、天中阁、配天作镇坊、崇圣门、化三门、峻极门、嵩高峻极坊、中岳大殿、寝殿、御书楼等建筑。两侧分布有四岳殿、东西廊房、太尉宫、火神宫、神州宫、小楼宫、祖师宫等多组院落。御书楼北黄盖峰上建有黄盖亭一座。

中岳大殿面阔九间，进深五间，重檐庑殿黄琉璃瓦顶，是河南省内最大的殿宇。院内崇圣门后东亭“古神库”四角立的宋代铁人，通高 2.6 米，是我国现存最大、最完整的“守库铁人”。

守库铁人

宋

登封市太室山南麓中岳庙内

〖守库铁人〗

宋

登封市太室山南麓中岳庙内

〖守库铁人〗

宋

登封市太室山南麓中岳庙内

〖守库铁人〗

宋

登封市太室山南麓中岳庙内

清

位于登封市城北 3 千米峻极峰下

嵩阳书院是我国古代四大书院之一，初建于北魏太和八年（公元 484 年）。嵩阳书院因其独特的儒学教育建筑性质，被称为研究中国古代书院建筑、教育制度以及儒家文化的“标本”。历史上嵩阳书院以理学著称于世，以文化赡富、文物奇特名扬古今。嵩阳书院是宋代理学的发源地之一，宋代理学的“洛学”创始人程颢、程颐兄弟，司马光，范仲淹曾在嵩阳书院讲学，且司马光巨著《资治通鉴》的一部分是在嵩阳书院撰写。

〖凤台寺塔〗

宋

位于新郑市区南洧水河南岸凤台寺旧址上

凤台寺塔，建于北宋元丰四年（公元1081年），是一座六角九层叠涩密檐式砖塔，高19.10米，基部周长13.38米。塔身呈圆锥体，由水磨青砖砌成外壁，灰浆添缝，做工精细，古朴雄伟，甚是壮观。

千尺塔

宋

位于荥阳市贾峪镇大阴沟西南大周山顶之原圣寿寺内

千尺塔，或称曹皇后塔，建于北宋仁宗年间（公元 1023 ~ 1063 年）。该塔为六角形七级砖塔，高 15 米，塔身直径 5 米，青砖切成。

相传宋仁宗皇帝在大周山下朱家峪选纳曹家女子做了皇后。日子久了，皇后思念家乡，仁宗便命在其故乡建塔，使她能在汴京城看到故乡之塔，以解思乡之愁。因塔需高千尺，方能使皇后看到，故久未建成。为此许多官员、工匠被贬杀。后有能人献计，以羊群驮砖，把塔建于大周山顶。塔成，从山下至塔顶千尺有余，曹皇后得以遂愿。因此，后人便称此塔为千尺塔或曹皇后塔。

〖寿圣寺双塔〗

宋

位于中牟县黄店乡冉家村东寿圣寺旧址上

寿圣寺双塔分东塔和西塔，两塔相距 20 多米，均为六角形砖塔。东塔现存四层，高约 18 米；西塔现存七层，高约 30 米。双塔皆无塔顶，相传为修建时尚未竣工而中断。塔的始建年代无文献记载，据塔的建筑风格和结构，应为北宋晚期建筑。

密县县衙

清

位于新密市老城鼓楼街北

密县县衙，坐北面南，为五进院的清代建筑群。始建于隋代大业十二年（公元 616 年），后毁于元代战火，明、清屡毁屡修，距今已有 1400 年的历史，是国内现存历史最久的官署衙门。其中衙署内的监狱历代沿用，一直使用到 2003 年，堪称监狱使用之最。

三祖庵砖塔

金

位于登封市太室山南麓三祖庵

三祖庵砖塔，建于金元光二年（公元1223年），相传为禅宗三祖僧灿剃度之处。古塔高约10米，平面呈方形，为七级叠涩密檐砖塔。

〖观星台〗

元

位于登封市告成镇周公庙内

观星台建于元至元年间（公元 1271 ～ 1294 年），是我国现存年代最古老的天文台，世界上著名的天文科学建筑物。

观星台由台身与石圭、表槽组成。台身上小下大，形似覆斗。台面呈方形，用水磨砖砌造。台高 9.46 米，连台顶小屋通高 12.62 米。台体北壁正中有一凹槽，在凹槽正北是三十六块青石平铺的石圭（俗称量天尺），石圭通长 31.19 米。

〖郑州城隍庙〗

明—清

位于郑州市商城路东段路北

郑州城隍庙全称是“郑州城隍灵佑侯庙”，是目前河南省保存最完整、规模最大的古建筑群。始建于明代初期，弘治十四年（公元 1501 年）重修，其后屡有修葺。该庙坐北面南，由大门、二门、戏楼、大殿、寝宫和东西廊房组成。戏楼，歇山式高台楼阁，楼高 12 米余，整体建筑小巧玲珑，造型别致。

〖郑州文庙〗

明—清

位于郑州市东大街东段路北

郑州文庙亦称孔庙，是尊祀孔子的地方。始建于东汉明帝永平年间（公元 58 ~ 75 年），建筑的布局遵循着规制，有殿宇廊亭 200 余间，东西有过街牌坊各一座。乾隆三年（公元 1738 年）曾经大规模修建，光绪二十二年（公元 1896 年）遭火焚。现存的清代建筑大成殿坐北朝南，殿宇雄伟高大、庄严肃穆。

康百万庄园

明—民国

位于巩义市康店镇

康百万庄园是全国三大庄园（康百万庄园、刘文彩庄园、牟二黑庄园）之一。始建于明末清初，跨越了明、清和民国三个时期，共计400余年。它依“天人合一、师法自然”的传统文化选址，靠山筑窑洞，临街建楼房，濒河设码头，据险垒寨墙，是17～18世纪华北黄土高原封建堡垒式建筑的代表。它的石雕、木雕、砖雕被誉为中原艺术的奇葩。

当代郑州掠影

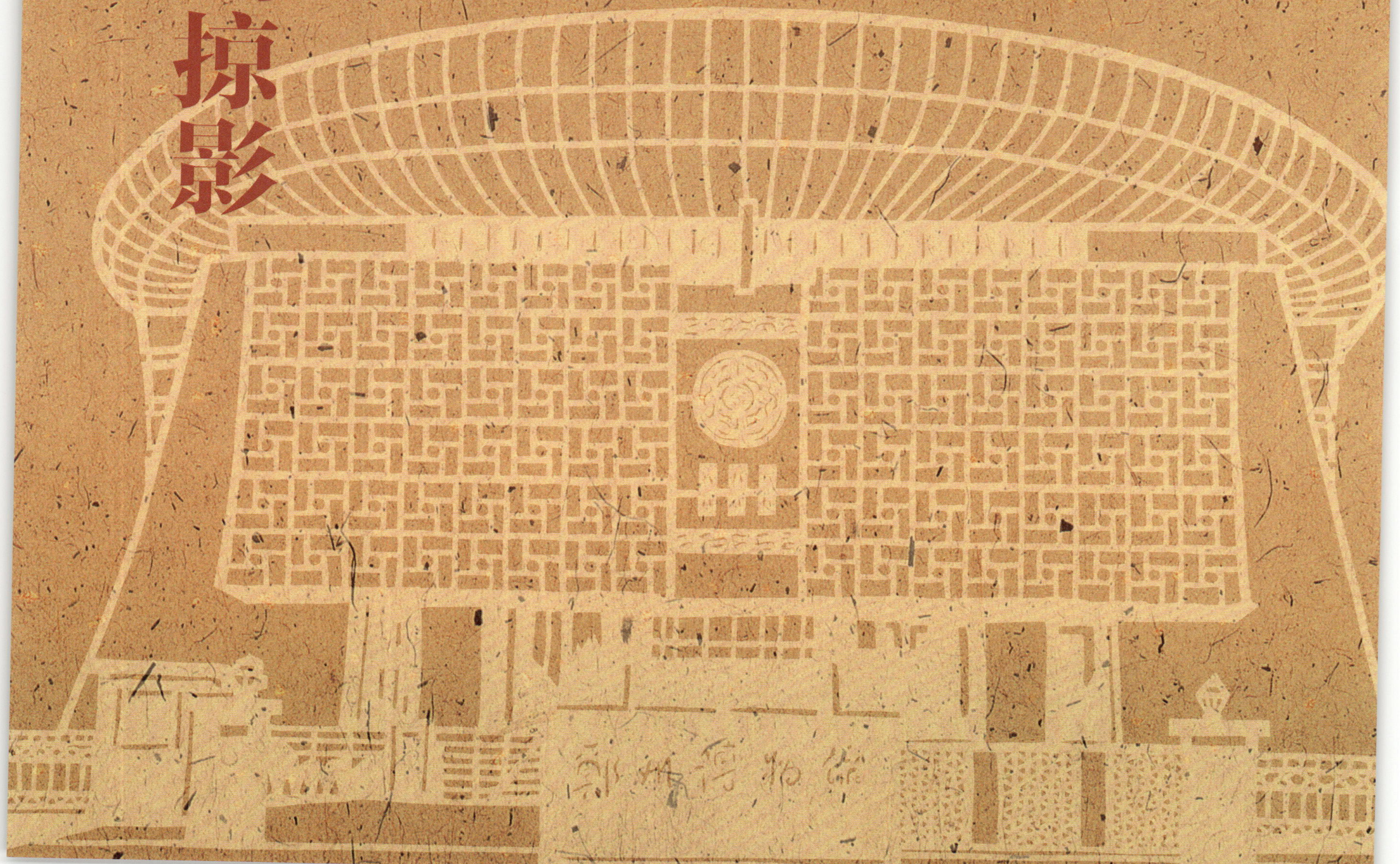

〖郑州国营第三棉纺厂〗

20世纪50年代
位于郑州市中原区棉纺路中段

郑州国营第三棉纺厂（简称国棉三厂），建于1954年，由苏联专家援助我国设计建造。这些建筑是“一五”时期国家投资建设郑州纺织基地的代表性工业建筑，其融合西方古典建筑和我国传统建筑的样式特点，具有很高的艺术价值和历史价值。

郑州国棉三厂的办公楼和大门2009年被评为郑州市首批近现代优秀建筑。

“二七”纪念塔

20世纪70年代

位于郑州市二七广场

“二七”纪念塔全称郑州二七大罢工纪念塔，建于1971年。是一座为纪念发生于1923年2月7日京汉铁路工人大罢工而修建的纪念性建筑物。该塔为钢筋混凝土结构，是中国建筑独特的仿古联体双塔，塔高63米，共十四层。塔内陈列有“二七”大罢工的各种历史文物、图片、文字资料。

〖郑州火车站〗

20 世纪 80 年代
位于郑州市二七区

郑州火车站是京广、陇海两大铁路干线的交会点，是沟通南北，连贯东西的交通要冲，居于全国路网中心的重要位置上，素有“中国铁路心脏”之称。火车站始建于 1904 年，后多次改扩建。

火车，让郑州开始了百年来的跨越式前进；火车，让郑州的城市框架得以快速定型和扩张；火车，让郑州乃至河南缩短了与外界的空间距离；火车，将让郑州带着美好的愿望与梦想驶向未来。

〖河南博物院〗

20 世纪晚期
位于郑州市农业路中段

河南博物院是一座国家级现代化博物馆，馆藏文物精品 3000 余件，落成于 1996 年。

主展馆主体建筑由我国现存最早的天文台遗址——登封元代观星台为原型，经艺术夸张演绎成戴冠的金字塔造型，整个建筑群设计以雄浑博大的“中原之气”为核心，线条简洁遒劲，造型新颖别致，风格独特，气势恢宏，堪称一座凝聚着中原文化特色和时代精神的不可多得的标志性建筑。

〖郑州博物馆〗

20 世纪晚期

位于郑州市嵩山南路

郑州博物馆创立于 1957 年，原址位于碧沙岗公园内，1999 年新馆落成开放。它集文物收藏、陈列展览、宣传教育、科学研究等多功能于一体，是一座现代化博物馆，为首批国家一级博物馆。

主展馆是以郑州出土的商代青铜方鼎为造型的原始基础，配以圆形碟状屋顶，取“天圆地方、鼎立中原”之寓意，融民族文化与时代精神于一体，独具特色。

〖毛主席视察黄河雕塑〗

21 世纪初期

位于郑州市黄河风景名胜区

1952 年 10 月 31 日，毛主席登上郑州黄河南岸的小顶山视察黄河。为纪念这一具有历史意义的时刻，1991 年 10 月，黄河风景名胜区雕塑了毛主席站立在黄河岸边的塑像。2004 年以当年摄影记者侯波拍摄的主席视察黄河坐像为蓝本，一座高 3.8 米的坐姿铜像在小顶山落成。

【中原福塔】

21 世纪初期
位于郑州市航海东路

中原福塔（又名河南广播电视塔），2007 年 12 月奠基，2009 年 10 月竣工。该塔是世界最高的全钢结构电视发射塔，塔高 388 米，其中，塔主体高 268 米，桅杆高 120 米，是一座集广播电视发射、旅游观光、名画展览、文化娱乐、餐饮休闲等多功能为一体的城市基础设施。

〖郑州会展宾馆〗

21 世纪初期

位于郑州市郑东新区中央商务区（CBD）

郑州会展宾馆于 2006 年 12 月奠基开工，2011 年 7 月封顶。建筑高 280 米，号称“中原第一高楼”，其设计灵感来自中国现存最古老的砖塔——嵩岳寺塔，主楼曲线与嵩岳寺塔吻合。该建筑因外形酷似玉米棒，而被当地人亲切地称为“大玉米”。

〖 郑州新郑国际机场 〗

21 世纪初期

位于郑州市东南郑州航空港区

郑州新郑国际机场，1997 年建成通航，2011 年 11 月，国家发改委批准郑州新郑国际机场二期扩建工程，2015 年 12 月，郑州新郑国际机场二期扩建工程正式投运。

郑州航空港区是郑州航空经济综合实验区和郑州新区的重要组成部分，是国务院批复的全国首个也是唯一一个上升为国家战略的航空港经济发展先行区。未来的航空港区，总体功能定位是全国大型复合枢纽机场和国际货运枢纽所在地，以航空客货物流、临空制造业、现代商贸等为主要功能的现代化生态型航空新城。

非物质文化遗产

巩义河图洛书传说

洛汭，即今河南巩义河洛镇洛口村一带，因洛河至此流入黄河而取名。文献记载的“河图”、“洛书”的传奇故事就发生在这里，人祖伏羲氏在这里画演八卦，尧舜禹汤在这里修坛沉璧，祭天禅让，使这里成为了华夏文明的源头。

《竹书纪年》载：“太昊包羲元年，龙马负图出河。”北魏郦道元在《水经注》中综合古典记载曰：“洛水又东流，北流入于河，龟书于洛，赤文绿字。”伏羲根据“河图”、“洛书”演画出八卦。当年的“伏羲画卦台”至今犹存。

巩义小相狮舞

自古以来，小相狮舞以小相狮社为载体世代相传，狮鼓文化是河南民间民俗文化的一种。中国的狮舞活动按地域分“北狮”、“南狮”，按种类分“文狮”、“武狮”。小相狮子是属于北狮中的武狮类，从清嘉庆年间开始，不但从未间断，而且不断有创新和发展。

小相村位于巩义市鲁庄镇南部，是河南省文化厅命名的“文化艺术村”，是远近闻名的“狮舞之乡”。小相狮子舞产生于民间，创新发展于民间，是鲁庄这片文化沃土中培育出的一朵汉族传统舞蹈艺术奇葩。其中最为引人入胜的项目——狮舞“顶天柱”和“狮口喷画”应属世界首创。

苌家拳

苌家拳是中国武术一个重要流派，向与少林、太极并称中州武术三鼎足，是中华武术中的瑰宝。

苌家拳创始人苌乃周（公元 1724 ～ 1783 年），字洛臣，号纯诚，河南汜水县（今为荥阳辖）苌家村人。著有《易经讲义》八卷，收入《四库全书》。苌乃周“成童嗜武”，私淑虎牢张八，从禹让学禹氏枪法，后受洛阳闫圣道指点，得四川梁道传授。苌乃周潜心《周易》，洞彻阴阳起伏之理，集易理、医理、拳理之大成，融内气、外形、技法于一炉，创苌家拳派于世。

苌家拳的理论集为《中气论》，这是苌家拳的核心理论，是指导苌家拳械的纲领。其中练气之术，纵横开阖之妙，均发前人所未发。苌家拳的套路有拳、棒、剑、刀、枪、鞭、镰、弹（弓）等数十种，皆有图有批，注解详明。

〖赵恩民泥塑〗

赵恩民泥塑从捏泥窝窝到塑人像，师承多家，自成一体，经过多年坚持不懈努力和探索，终于使塑空绝技这门兴于秦汉后渐失传的技法展现在世人面前。他塑造的人物头、手可自由转动，形象千姿百态，憨态可掬，一招一式，一颦一笑，从不同位置、角度，就可告诉你一段不同的生活趣事，给人以无限的遐想和回忆。其作品细而不腻，粗而不糙，更具深度和艺术魅力，深得国内外人士的喜爱。泥塑作品以生活原型见长，其精湛的技艺把作品的神韵表现得淋漓尽致，达到了出神入化的境界。

常香玉豫剧唱腔艺术

常香玉（公元 1923 ~ 2004 年），原名张妙玲，出生于河南省巩义市，豫剧表演艺术家。她善于博采众长，兼容并蓄，注重传统，敢于创新，为豫剧唱腔艺术的发展作出了杰出的贡献。常香玉在对豫剧唱腔的创造与拓展上，将豫西调深沉、浑厚、悲壮、缠绵的风格与豫东调的高亢、奔放、挺拔、激越的特色相交融，成功地创作了许多豫剧艺术精品。代表作有《花木兰》、《拷红》、《断桥》、《大祭桩》、《人欢马叫》、《红灯记》等。

20 世纪二三十年代的郑州老坟岗是热闹繁华的商业街，艺人们在此娱乐了民众也唱红了自己，越调、豫剧和曲剧三大剧种在此会合，并发扬光大。豫剧大师常香玉 20 世纪 30 年代在老坟岗大坑戏院多次登台演出。

〖合记烩面〗

合记羊肉烩面是一种集荤、素、汤、菜、饭于一体的传统风味小吃。其与众不同的是常年坚持一锅一碗、先漂后烩的生产规程，制作的烩面质量上乘，味道鲜美，深受人们的喜爱。受合记烩面的影响，郑州市大街小巷烩面店或经营烩面品种的饭店多达 1000 多家，被外地人称为“烩面城”。而合记烩面则被誉为“河南烩面鼻祖”。

合记的前身是老乡亲饭店。1953 年李少卿等 4 人接营，因是合伙经营，易名“合记饭店”，1967 年起专门经营羊肉烩面，改名为“合记烩面馆”，俗称“合记”。

萧记三鲜烩面

萧记三鲜烩面首创于 1986 年。萧记三鲜烩面主要以三道高汤（鸡汤、骨汤、羊肉汤）为基准配方，其特点有三不过（滋养不过补、味美不过鲜、油香不过腻），其风味独特，质优味美，从而赢得了广大消费者的青睐。

少林功夫

少林功夫是指在登封嵩山少林寺这一特定佛教文化环境中历史地形成，以佛教神力信仰为基础，充分体现佛教禅宗智慧，并以少林寺僧人演练的武术为主要表现形式的传统文化体系。少林功夫“禅武合一”的精神，对中华武术乃至佛教信仰都有非常深远的影响。

据少林寺内流传下来的拳谱记载，历代传习的少林功夫套路有数百套之多，其中流传有绪的拳械精品有数十种，另外有七十二绝技，以及擒拿、格斗、卸骨、点穴、气功等各类独特的功法156套。

〖 少林寺白衣殿“六合拳”壁画（局部） 〗

〖少林寺白衣殿“六合拳”壁画（局部）〗

〖少林寺白衣殿“六合拳”壁画（局部）〗

【少林寺白衣殿“六合拳”壁画（局部）】

〖少林寺白衣殿“六合拳”壁画（局部）〗

〖少林寺白衣殿“六合拳”壁画（局部）〗

〖少林寺白衣殿“六合拳”壁画（局部）〗

〖少林寺白衣殿“六合拳”壁画（局部）〗

〖 少林寺白衣殿“六合拳”壁画（局部） 〗

〖 少林寺白衣殿“六合拳”壁画（局部） 〗

【后记】

从2013年9月起，历经三年，《剪纸上的郑州》一书终于即将付梓了。回想起在浩渺的出土文物、地上的物质文化遗产和非物质文化遗产以及数量众多的古籍善本中寻找、讨论、判别的艰辛过程，不觉很有些欣慰。在这一工作中，著名考古学家李伯谦、剪纸艺术家高佃亮等诸多学者、艺术家不辞辛劳，不厌其烦，哪怕为了一个细节的问题，也会不计时间不计成本地坚持重来，我院张文霞、姜楠、焦建涛、宋俊汶等同志也付出了相当的努力。

前期准备过程中，也有不少学者坦陈其中的难度，因此编这样一本具有一定创新性的书，是发自内心的一种期望，是真爱郑州的一种责任，甚至可能还有期望人人都能认知真实郑州的一种匹夫自我的精神。这三年更是一场年鉴学派式的学习和心灵的升华。

通过这一过程，增加了我对于郑州人文特质的认知，也更增加了我对文化遗产于一个城市、一个国家、一个民族生存发展意义的本质理解。六艺之首的《周易》之《贲卦》讲，“关乎人文，以化成天下”，文化可以化得天下，何其深刻矣！

期望这本书能够使您更加了解郑州、记住郑州、喜爱郑州，也继而认识人文于个体、于家庭、于社会的非凡价值，再继之，能用些许的人文思维和方法，化得外在的“江湖”和内在的“心海”！

顾万发

2016年1月